「吃音」の
正しい理解と
啓発のために

―キラキラを胸に

堅田 利明
Katada Toshiaki

編著

海風社

「吃音」の正しい理解と啓発のために
ーキラキラを胸にー

「吃音」は言葉が発達する2〜5歳から始まることが多く、約8割の人は自然に消失します。
つまり2割は吃音症状を伴いながら成長していきます。
「吃音」のある人の割合は100人に1人といわれていますが、
現在のところ、まだその原因が特定されておらず、吃音症状が完全になくなる
有効な治療法は確立されていません。
ですが、周りにいる私たちができること、やるべきことはたくさんあります。

本書には「キラキラ」や「続編キラキラ」という表記が頻繁に出てきます。「キラキラ」とは『キラキラ どもる子どものものがたり』、「続編キラキラ」は『続編キラキラどもる子どものものがたり－少年新一の成長記』を指しています。

吃音のある少年新一は、ある日、転校生から「ボボボ、ボク、とか言うな。そのしゃべり方やめろよ」と言われ、それをきっかけにクラスの雰囲気が変わっていき、新一はしんどくなっていく。

中学生になった主人公の新一は、多感な時期に何を思い、どう生きていこうとするのか。吃音のある主人公がやがて成人し、社会に出る時を思い、社会の中の吃音の問題にも目を向けていく。

はじめに『キラキラ』『続編キラキラ』の著者から
　本書を手に取ってくださった方に……4　　　　　　　　　　　堅田　利明

長野の言語聴覚士から
　キラキラ☆の扉を開けよう！……15　　　　　　　　　　　　　餅田　亜希子

★家族、そして吃音を理解しようとする人から

　星に願いを込めて……42　　　　　　　　　　　　　　　　　　五味　奈美
　「きつおんはぼくのしゃべりかた」－陽翔のものがたり ……47　　平林　実香
　「キラキラ」が背中を押してくれた……57　　　　　　　　　　　堀内　美加
　「キラキラ」が教えてくれたこと……67　　　　　　　　　　　　堀内　慎也
　キラキラをよんでおもったこと……72　　　　　　　　　　　　　堀内　彩友
　キラキラを読んで、それから。……75　　　　　　　　　　　　　前川　令
　『キラキラ（続編）』を携えて……80　　　　　　　　　　　　　西沢　千春
　『キラキラ』とのこれから……82　　　　　　　　　　　　　　　植田　和枝
　「キラキラ」を読んで……89　　　　　　　　　　　　　　　　　稲田　都希代
　吃音親子の二人三脚……97　　　　　　　　　　　　　　　　　　K.M.
　「心を傾ける。～キラキラを読んで気づいたこと～」……103　　松下　真生
　ありがとうの気持ちを忘れずに……106　　　　　　　　　　　　齋藤　慶子
　キラキラを読んで思ったこと……109　　　　　　　　　　　　　齋藤　大智
　「キラキラ」はどもる子どもの道しるべ……110　　　　　　　　おばた　ゆりこ
　吃音への理解を求めて－自分にも出来たこと ……114　　　　　　Y.M.
　「キラキラ」とともに－今までの歩み、そして未来へ ……118　　吉田　雅代
　キラキラが与えてくれた希望……128　　　　　　　　　　　　　久保　牧子
　繋がりの大切さ……135　　　　　　　　　　　　　　　　　　　田多井　智恵
　「もっと早く出会いたかった」……146　　　　　　　　　　　　　栁澤　みえ子
　わたしのキラキラ……148　　　　　　　　　　　　　　　　　　関　貴代美

★★保育園、小学校の先生たちから

「キラキラ」との出会いから教えられたこと……152　　　　　三村 小百合
思いを知って、気持ちに寄り添う……155　　　　　　　　　　D.H.

★★★専門の知識を持つ先生たちから

私も誰かの「ひげ先生」に……158　　　　　　　　　　　　金子 多恵子
登場人物の生き方に学び、支えられて、自分に向き合う……170　西尾 幸代
胸の中の「キラキラ」を見つけて……180　　　　　　　　　　藤本 依子
少しでも「私のせい」と思っているお母さんへ……187　　　　野々山 直美
　- ７年間『息子の吃音は育て方のせい』と自分を責め続けた私が、
　キラキラに出会って、自分を許せ、息子に「ありがとう」と言えるまで -
「様子を見ましょう」「気になりませんよ」……198　　　　　　内藤 麻子

おわりに……207　　　　　　　　　　　　　　　　　　　　　堅田 利明
執筆者一覧……212

堅田 利明

関西外国語大学准教授
年齢：50代
好きな言葉：今ここを生きよ

本書を手に取ってくださった方に

「吃音」の誤った理解のされ方

　「どもる」とは、あわてて言ったり、緊張する場面で言葉を発する際にみられたりする現象であると一般的に考えられています。つまり、程度の差こそあれ、誰にでも生じる現象の1つであると。そのため、成長の過程で、人前で落ち着いて話せるように場数を踏むことや、あらかじめ話す内容をまとめておくこと、緊張をコントロールする方法を体得しておく、といった構えと練習を本人に求めてきました。本人もそういうものなのだと信じ、努力を積み重ねてきました。そのことによって吃音が解消するのであれば「吃音とは一過性のもの」「誰しも生じる現象であり、気にすることはない」ということになります。こうした認識をもっている方が世間には多数おられます。

　吃音の誤った理解のされ方の1つ目がこれです。

　さらに、こうした考え方をフォローする現象が吃音にはあります。それは、「自然治癒」です。何もしなくてもある日を境に突然、またはゆっくり

と症状が消えてしまう現象です。2〜3歳頃に生じた吃音が、自然治癒の最初の節目を迎えるのが就学前後です。その後も、症状が消えることがあります。自然に治癒する方の割合はおよそ8割、残りの2割は継続していきます。身近に自然治癒に至った体験をされた方がいたり、先程述べました自己研鑽によって症状が消えた場合は「治った」と考える方もいます。そうした情報は周りに伝えられ、「吃音はやがて治るもの」と理解されてしまいます。

　吃音の誤った理解のされ方の2つ目がこれです。

　また、吃音は幼児期に発症する割合が高いために、「何らかの精神的なストレスによって生じる」と考えられがちです。下にきょうだいが産まれた、引越し、親の転職、単身赴任といった環境の変化や、共働き家庭、子どもとかかわる時間を十分に取れない家庭事情などが吃音の原因として考えられがちです。そして、保護者、特に母親に対して、子どもへのかかわり方への修正や配慮が求められます。そのことによって、吃音の発症は親のかかわり方によるものだという罪悪感を母親に抱かせることに拍車がかかります。

　吃音症状の特徴の1つに症状の変動というものがあります。吃音症状が多く出る時期と、ほとんど、または全く出ない時期とが交互に訪れるのです。症状が多く出る時期になると、何が良くなかったのかと振り返ることを繰り返しながら自身の養育態度を責めてしまいます。親の養育態度が吃音を発症させたという考え方です。

　これが、吃音の誤った理解のされ方の3つ目です。

6 　はじめに『キラキラ』『続編キラキラ』の著者から

　ところで、吃音症状は、「ここここ、こんにちは」「ああ、ありがとうござい
ます」のように語の最初を繰り返す（連発）ことを想像しがちですが、他に
もあります。「あ ── ありがとうございます」といった引き伸ばし（伸発）や、
語の最初が出てこなくなる「……ありがとうございます！」といった難発が
あることは意外と知られていません。特に、最初が出てこなくて力んだ言い
方になってしまう難発は、周りに緊張していると捉えられやすく、そのため、
本人が、言いやすい別の言葉に換えたり、言わないでおこうとしたりすると、
相手には全く分かりません。本人は言いづらさに苦しんでいるのですが。

　ここで、吃音症状が変動するという特徴の他に、もう１つ重要な吃音症
状の移り変わりについて述べます。
　最初に吃音症状が起こるのは、およそ２歳から４・５歳頃とされています。
この頃に出現する吃音症状は連発です。周りから「あっ、ちょっとどもって
いるかな」と判断される表現方法です。この連発なのですが、子どもにとっ
てはいたって普通の話し方なのです。言いづらさも、もどかしさもありませ
ん。緊張によって、また、早く言おうとして生じるわけでもありません。ゆっ
くり言おうとも連発は出てくるのです。発症の年齢にもよりますが、たいて
い意識することなく連発を伴いながらたくさん話してくれます。

　ところがこの時期は異年齢集団との遊びが活発化し、また、保育所・幼稚
園に通うようになる年齢です。集団内にいる年長の子どもが耳ざとく連発の
言い方を聞いていて、「なんで何回も言うの？」「せせせせ先生と違う！」と
指摘してくるようになります。言われ方や回数にもよりますが、次第に気に

なっていきます。「まだ３歳なので本人は全く気づいていません」と断定した言い方をされる保護者や先生がおられますが、十分気づいている子どももいます。周りから指摘されるからです。周りからの指摘に全く平気な子どももいるかもしれません。ですが、たいていは指摘によって話し方に気を向けていきます。

　周りから連発を指摘されることによって言い方が気になってきますと、工夫を始めます。最初の工夫は、「おかあさん、これ、たたた ── べてもいい？」のように、「たたた」ってなってしまうので「た ── べても」と、伸ばした表現（伸発）に換えます。連発に伴って伸発が出現するようになってくるのです。

　この伸発もそれほど言いづらいわけではありません。ですが、「なんで伸ばして言うの？」と耳ざとく指摘してくる人がいるのです。

　そうなってきますと、本格的に言い方に注意を向けるようになっていきます。さらにこの時期に「ゆっくり言ったらいいよ」「落ち着いて言おうね」と周りから助言されている場合、（そうだ、落ち着かないと）（ゆっくり言わないと）と身構えるようになります。すると言おうとする直前に、（あっ、いま、あああってなりそうだ）と自分で分かるようになってくるのです。そこで、（ちょっと待った。よーし、落ち着いて、せーの！）、「せんせいー」とタイミングを見計らうようにして言います。するとスッと言えるのです。予想した通り見事に。（やったぁー！そうか、こうやって気をつけて言ったらいいんだ）と。ちょっと止まって、身体を整え、軽く息を吸って（せーの）

です。これで言えるようになるのです。保護者が、「治ったようにスラスラ話せていた時があった」と回想されます。

　まじめに、この「構え」を日々取り入れながら話していると、やがて慣れが生じます。慣れてくると何となく今までのやり方では効かなく思えてくるのです。つまりより強い「構え」を意識しようとします。頑張って言おうと思えば思う程、「せーの！」と力が入り、息をすばやく吸って止め、全身に力を入れます。頭では準備 OK です。ですが、息を止めて身体を硬くしているとスッと言葉が出にくくなります。（ええっ？声が出ない！どうしたんだ！）と、びっくりします。それでも何とか身体に振りをつけながら言おうと頑張ります。手を振り下ろしたり、上体を反らせたり、足踏みをしたり、目をつぶったり、そうしながら何とか言えると、この方法を同じ状況下で用いるようになります。これを「随伴運動（症状）」と言います。随伴運動は難発時以外に連発や伸発時にも観られます。ですが一番出現しやすいのは難発時です。やがて、それを避けようとして別の言葉に置き換えて言おうとしたり、言わないで済むように立ち回ったりするなど、態度が変化してきます。こうした吃音症状の移り変わりとそれに伴う態度や心情の変容を「進展」と呼びます。

　「最近どもらなくなってきた（連発の減少）」は、本人が意識するあまり、言い方を工夫している可能性があります。そうだとすれば、周りには分からない本人の苦しさがあります。「別の言葉に置き換えて言えるなら、それで良いのではないか」と周りは安易に考えてしまいがちです。こうした点も含め、これらが吃音の誤った理解のされ方の４つ目となります。

また、「難発様の言い方が突然出現した」「伸発から始まった」という方も中にはいます。その他にも、周りの理解が得られ、本人も連発を良しとしているにもかかわらず難発様の力みが増していく子どもさんがいます。そうした場合は、話し方に直接介入していくことが必要になる場合もあります。

悪化予防のための吃音の理解と啓発

ここで、吃音への対応についてみていきましょう。

「子どもの吃音症状には一切触れないようにすること」という助言指導を専門家はよくします。ここでいう専門家とは「吃音の専門家」ではありません。子どもとかかわりのある専門職種、医師、保健師、心理士、発達相談員といった専門家です。保護者には両者の区別がつきません。吃音についてよく勉強されていると、幾つか質問をしただけでその方がどれくらい吃音の知識を正確に持っているかどうか、およその判断がつくものです。ですが、幼少期に発症することの多い吃音は、保護者自身がまだ親になって数年といったところで、「専門家」の指導助言を疑うことなくそのまま受け入れます。「吃音には一切触れないように」「子どもに吃音を意識させてはいけない」と指導される保護者は今現在も決して少なくありません。

このように指導された保護者は、家庭で吃音の話題を一切避けようとします。また、「どうしてこんな言い方になっちゃうの？」と子どもから問いかけがあったとしても「そんなことないよ、ちゃんと言えているから……」と返答してしまいます。子どもは、周りからの吃音の指摘と、そのことを知ろうとするが教えてくれない親の返答との板挟み状態になります。親の表情や

動揺を察する子どもの場合は、話し方に関する質問は親にしない方が良さそうだと考えてしまう場合もあります。

どうしてこのようなことになってしまうのでしょうか。理由として考えられるのは、「吃音症状を注意し、訂正させることで症状の悪化を促進することになるので止めるように」という指導が、いつのまにか「吃音に一切触れてはいけない」と拡大解釈されてしまったのではないでしょうか。そのことの弊害は、親子で吃音の話をすることをタブーにしました。吃音の専門家ではない専門職種による安易な助言指導によって振りまわされてしまう可能性があること。これが吃音の誤った理解のされ方の5つ目です。

先に、吃音症状の「進展」について述べました。本人が全く平気でいられる楽な言い方である連発は、それを無理に修正しようとせずにそのまま出しておく方が、その後も柔らかい話し方のままでいることができます。柔らかいの反対は難発様の力んだ話し方です。これは本人も自覚している苦しい話し方です。連発を伴いながら話していく中で、本人がもしも連発を修正して話そうとする場面に出くわした時、そのための試みはそれ程難しいものではありません。ですが難発様の話し方を今以上に修正しようとしても上手くいかないのです。ですから、幼少期に生じる連発はそのまま出し続けることができる環境を早急に作っておくことが対処としての重点項目となります。周りがやがて気づき、指摘を受ける前の対応です。しかしながら、前から取り組むということになかなか理解が得られないのが現状です。周りから吃音の指摘を受け、嫌な気持ちになって、症状が進展していって初めて対応しよう

とするのです。

「吃音」理解と啓発の方法

　吃音の正しい理解とそれを世間に知ってもらおうとする啓発とはどのようなものなのでしょうか。その第一歩はまず保護者が、そして家族が吃音の正しい理解者となることです。それが達成されて初めて親子で、または家族で吃音の話題を自然に話せるようになります。次に、子どもの周りにいる方々への吃音理解と啓発です。年中・年長の子ども達に分かりやすく表現を工夫しながら吃音のための学習の場を作っていきます。年中・年長の子どもであっても十分吃音のことを分かろうとしてくれます。そして何より、吃音のある子どもがその取り組みによって勇気づけられ、これまでと変わらず、これまで以上に対話を楽しんでくれるはずです。何か困ることがあればその都度どうしていけばいいかを本人と周りの方たちと一緒に考えていけば良いのです。

　私はこれまで、子どもの周りの方々、まずは園や学校の先生方に正しい吃音の知識を持ってもらうことが重要であると考えてきました。正しい知識は吃音のある子どもへの対応はもちろん、周りの子ども達とその保護者、家族をも含めた吃音の理解と啓発へとつながるからです。ですが、私が各園や学校に直接訪問して回るという訳にはいきませんでした。お忙しい先生をお呼びたてするのも忍びないことです。ですから、私に代わって保護者の方々にその大役をお願いしてきたのです。吃音について先生方に解説するという大役です。先生に理解していただけるように吃音の解説をしていくというのは

12　はじめに『キラキラ』『続編キラキラ』の著者から

かなりの至難の技です。解説を全面的に聴こうとしてくださる先生の場合は難しくないかもしれませんが、吃音に関する誤った理解をしている場合が大変です。これまで信じてきた、または長年対応してきて何ら問題はなかったと考えているものが根底から覆されるわけです。「ゆっくりお話したらいいんだよ」「落ち着いてね」といった声かけが、何の解決にもならないばかりか、将来本人を困惑させることになるということや、園や学校に元気に来て、友達とも遊び、お話もしてくれているから何も問題はないと判断してきたことが、実はそうではない可能性があると理解していただかなければならないのです。なかなか分かってもらいにくい事柄です。

　もちろん、吃音を周りからからかわれ、そのことを泣いて先生に訴えたり、登園・登校拒否に至ったりといった事態にでもなれば対応してくださるでしょう。つまり、そこまでいかなければ「様子をみる」「あえて吃音のことに触れない方が良いのではないか」と考えてしまいがちなのです。ひどいからかいに遭いながらもずっと我慢し、親にもそのことを言わないできた子ども達と私は数多く出会ってきました。

　先生に吃音の解説や対応をしてもらうよう保護者の方々にお話していただくことをすべて丸投げするわけにはいきません。まずは担任の先生がどんなお考えをお持ちなのか、どういう言い方で伝えていけば耳を傾けてくださるのか、そうした計画を立てていきます。そして、『キラキラ どもる子どものものがたり』を、保護者の話に耳を傾けていただくための材料の1つとして活用してもらってきました。先に読んでおいてもらうのです。本格的な吃音

の解説や対処について伝えていただく前の段階として、吃音の知識だけではなく、心情を揺さぶられるものが必要ではないかと思うからです。きちんと読んでいただければ、「吃音って○○○だって思っていたのに、違うんだ！」という驚きや気づきとともに、子どもの気持ち、親の気持ちに触れることで、（これは、きちんと知っておかなければ）と思ってくださる可能性があります。そうなるとずいぶん話しやすくなります。

座談会と「キラキラを胸に」

　1997年12月から私は、吃音のある当事者ではなく保護者やその家族のために「座談会」という名称を用いて集いの場を作ってきました。その場に園や学校の先生方がお越しくださるようになり、吃音の知識や情報とともに保護者の生の声を聴いていただく場としても続いてきました。吃音悪化予防を念頭においた具体策を保護者と一緒に考えながら20年の時を経て私自身も今日まで成長してきました。近年では園や学校の先生の他に、言語聴覚士や医師、保健師、発達相談員といった専門職種の方々も多数参加されています。

　また、私がこれまでお会いしてきた保護者の方から（何かできることを担っていきたい）というありがたいご要望によって「吃音親子の会」が結成され、座談会での進行役を担当してくださっています。

　大阪の地で細々と続けてきました座談会は、長野県東御市で「ことばの外来」を担当されている餅田亜希子さんのお声かけで2016年、大阪と長野をつなぐ座談会が開催されました。その3ヵ月前に、大阪の座談会に出席し

たくとも諸事情でそれが叶わない方々から私宛にお手紙を多数頂戴し、その文面に綴られた「キラキラ」の読後感と吃音の理解・啓発に向けた取り組みの数々を「キラキラを胸に」というタイトルで冊子にまとめてくださいました。今回、この冊子が大きく実り、本書へとつながりました。

　本書は、「キラキラ」にまつわる読者の方々の中から、吃音のある子ども達、そのご家族、吃音を理解したいと考えてくださる方、教育現場の先生、言語聴覚士など、総勢 28 人の方が手記を書いてくださいました。どうか、一つひとつの情景を思い描きながらお読みください。お読みいただく時々で、また時代によって、目に留まる言葉や文章が違ってくることでしょう。新たな発見もきっとあるはずです。

　本書を通して、吃音の理解と啓発に向けた具体的な取り組みやその成果について学んでください。手記に記された言葉の数々は繊細であり、また力強く、前を向いて一歩を踏み出そうとする読者の皆さんに勇気と力を与えてくれることでしょう。
　『キラキラ どもる子どものものがたり』『続編 キラキラどもる子どものものがたり – 少年新一の成長記』を傍に置いてくだされば幸いです。

餅田 亜希子

言語聴覚士
年齢：50代
好きな言葉：Live as if you were to die tomorrow.
　　　　　　Learn as if you were to live forever.

キラキラ☆の扉を開けよう！

私と『キラキラ』との出会い　序章
　『キラキラ』の扉を開いてくださったあなた
　あなたはだれですか？
　小学生ですか？
　中学生ですか？　高校生ですか？
　大学生か、専門学校生かもしれませんね。
　それとも、お仕事をされている方ですか？
　もしかしたら主婦の方でしょうか？

　あなたはどもる人ですか？
　それとも、どもるお子さんを持つお母さんですか？　お父さんですか？
　お孫さんがどもっているのですか？
　どもっている人のごきょうだいかもしれませんね。
　身近にどもる人がいるから『キラキラ』を開いてくれたのでしょうか。

16 長野の言語聴覚士から

そして、もしかしたら、
あなたは、吃音のあるお子さんを担当する保育士さん？ 幼稚園の先生？
学校の先生？
吃音の臨床に携わる、もしくはこれから関わろうとしている専門職の方ですか？

そして、もしも、
あなたが、どれにも当てはまらないとしたら、それもとてもうれしいことです。
「吃音」について、あらたに知ってくれる人が、またひとり増えることになるのですから。

あなたがどんな方であっても……
はじめまして！ こんにちは。
『キラキラ』を手に取って、そして、『キラキラ』の扉を開いてくださって、どうもありがとうございます。

私は、言語聴覚士です。
言語聴覚士とは、コミュニケーションや摂食嚥下について幅広い分野のご相談にのり、支援をする専門職です。私はその中でも特に、吃音のある人（小さなお子さんから大人の方まで）やそのご家族の相談にのる仕事をしています。
そんな私が、書籍『キラキラ　どもる子どものものがたり』（以下、『キラ

キラ』）と出会ったのは、2007年8月、東京・上野で開催された「第4回吃音を語る会」という、吃音の研究会においてのことでした。

　実は、そのときの私は、言語聴覚士としての岐路に立っていました。

　言語聴覚士としてそれまでの十数年間ずっと関わっていた「失語症」や「高次脳機能障害」などの分野から方向転換をし、新たに、「吃音」の領域に足を踏み入れたばかりだったのです。

　その頃の私は、「吃音のご相談にいらっしゃる方の力になりたい」という思いを抱えながらも、本当に申し訳ないことなのですが、言語聴覚士としての吃音の臨床についての知識の薄さ、経験の少なさ・浅さ、そして何より、吃音のある子どもたち・人たち、そのご家族の思いへの想像力が不足していることにより、さまざまな方法で研鑽をかさねつつも、不安の中で、必死に無我夢中でみなさんのご相談に向き合う日々でした。

　そんな深い悩みの中で、吃音臨床に長年関わって来られた大先輩たちばかりが集う「吃音を語る会」へ参加すること自体、実は気が重く、苦しい気持ちでいっぱいであったことを今でも鮮明に覚えています。「私などが参加するのは場違いなのではないか」と、何度も何度も、参加をお断りしようかと迷っていました。それでも何か先に進まないと、前に向かわないと、おそれず飛び込まないと、そして何かをつかまないと、という思いがあったのだと思います。私は「吃音を語る会」に足を運ぶことにしました。

　今思えば、それがすべての始まりでした。

　偶然にも、当時、大阪から埼玉に転居してきた吃音のある小学生の女の子がいらして、そのお子さんのことで紹介状をいただいていた堅田利明先生に初めてお目にかかり、ご挨拶をさせていただきました。

18　長野の言語聴覚士から

そして、その語る会で堅田先生が参加者のみなさんに紹介された『キラキラ』に出会うことができたのです。

私と『キラキラ』との出会い　第1章

『キラキラ』が私の元に来てくれて、私の吃音への向き合い方は大きく変わりました。あんなに気が重かった「吃音を語る会」に参加したこと、そしてこの素敵な“ものがたり”に出会えたことに、心から感謝しました。私がそのとき手にした最初の『キラキラ』は、「2007.8.29」の日付とともに、図書館の蔵書のようにブックフィルムで大切に保護してあります。今や、いつ、どこに行くときもカバンの中に入っている、私のかけがえのない「パートナー」であり、「宝物」です。

それは、曇り空の隙間から陽ざしが差し込んできたような、そんな感じでした。

ムズムズと落ち着かず、不安で仕方なかった私の心が、ふわっとやわらかく、穏やかになりました。

それまで伏し目がちで、しりごみしがちであった私が、目線を上げて、勇気を出して、希望を持って前に進んでいこうと思えるようになりました。

「闇夜に船出」であった私の吃音臨床は、海図と羅針盤を得て、目標と見通しを持って漕ぎ出せる「航海」に変わっていったのです。

初めて手にした『キラキラ』を一気に読み切った後、どんな気持ちになったのか、今でもはっきりと覚えています。病院でお会いしている吃音のある子どもたち、そのお母さんたちだけでなく、相談に来られている成人の吃音

の方の顔までもが、何人も、何人も、何人も、次々と浮かんできました。
「早くあのお母さんに読ませてあげたい！」
「あの子が読んだら、どう感じるんだろう……」
「そうだ、あのお母さんにも読んでもらおう」
「あの人に読んでもらって、どんな感想を持ったか話してみたい」
　子どもたち、親御さんたちだけでなく、成人の吃音の方たちも含めて、できるだけ多くの方と、私が『キラキラ』を読んで感じたこの何とも言えない気持ちを、分かち合いたい、そして、お互いに感じたことを語り合いたいという強い衝動にかられました。すぐに、身近な同僚に、そして、相談に来られている方々に次々とご紹介しました。「ねぇ、ねぇ、とにかく読んでみて!!」
　私をそのような行動をとるべく突き動かしたものは一体何だったのでしょうか。

　今でこそ、吃音について取り上げられている書籍はたくさん出版されていますが、その多くが、吃音とはどのようなものか、現時点で分かっている基本的な情報について解説しているものや、専門家向けに臨床における評価や指導の方法が書かれた教科書的なものです。
　そういった情報がとても大切で、意義があることは言うまでもないことですが、それ以上に忘れてはならないのは、吃音のある子ども・人やその家族が実際にどのような経験をし、どのような気持ちをいだき、どのような思いをしながら、日々の生活を送っているか、それを知り、理解することにつながる、そういう情報ではないかと思います。読む人が、吃音のある子どもやその家族の心情や暮らしぶりを、ありのまま、いきいきと思い描くことがで

きる、そんな内容です。

　また、同じように大切なのは、吃音のある子ども・人やその家族を取り巻く"周囲の人たち"がどんな考えや思いで過ごしているのかについて理解するという姿勢です。『キラキラ』には、学校の友だち、担任の先生、教頭先生、校長先生といった、さまざまな人たちが登場します。この人たちは、吃音のことを専門的に学んだり、教えてもらったりしたわけではない、いわゆる吃音のことを"あんまり知らない"人たちです。『キラキラ』に描かれているこれらの登場人物の言動は、それぞれの立場ではこんな気持ちなんだ、こんなふうに考えているんだ、だからこんなこと言うんだなぁ……ということを"知らせて"くれます。

　そして、吃音のある子どもとその家族の心強いサポーターである、言葉の教室のひげ先生、そして、医療センターの言語聴覚士の村井先生。お二人の姿勢、態度、行動、そして語りかける言葉の表現一つひとつは、吃音のある子どもやその家族を支援する立場である私にとって、まるで実在の先輩が手取り足取り教えてくださるお手本のようになっています。まさに、生きた教科書です。

　『キラキラ』では、どの登場人物も、その立ち居振る舞いが「実在の人物?」と思えるほどリアルにいきいきと描かれています。本を読んでいると、まるで登場人物がそこにいて、それぞれの声が耳元で語りかけてくるような、そんな感覚になります。まるでひげ先生がそばにいて、自分に語りかけてくれているように感じるのです。それが、私が『キラキラ』から受けた衝撃でした。まだわずかな経験でしかなかったのですが、それまでにお会いしてきた子どもたちや親御さんたち、そして、周囲の人たちが経験している現実の世

界と、生の声がここにある、と感じました。きっとこれを読んだとき、多く
の人たちが、それぞれの立場の登場人物を自分と重ね合わせ、共感する部分
はもちろん、自分とは違うなと感じる部分からすらも、さまざまなことを感
じとり、思いを深め、そこから何かを学ぶことができる本だと思いました。

『キラキラ』に登場する人物が発するたくさんの言葉には、とても大切で、
深い思いが込められています。その中でも、新一の思いが綴られている場面
で、特に心に残る文章を拾い上げながら、『キラキラ』の伝えている大切なメッ
セージを私なりに紹介したいと思います。

　　川畑先生が「どもる」ことを知ろうとしてくれないとしたら、それは新一
　　の気持ちを大事に思ってくれていないような気がした。(『キラキラ』P.9)

「二　転校生」の冒頭。5年生になった新一。新しく担任になった川畑先
生に、新一のお母さんが吃音について話すと、「だいじょうぶですよ。元気
ですし、気にしてないみたいですから。お母さんがあんまり考えすぎない方
がいいんじゃないですか」と言ってあまり取り合ってくれなかったとのこと。
それを受けての新一の気持ちが表現されています。短いですが、吃音のある
子どもが、自分の吃音をどのように捉え、吃音のことを分かってもらうこと
をどのように考えているのかを考えさせられる文章です。

　新一は、くやしさと、「は」が言えない自分にますます腹が立った。「こん
なしゃべり方、もういややあ」と心の中で叫んだ。でも、このことはお母

さんに言いたくなかった。心配させたくないとか、そういうのではなくて、なぜか言いたくなかったのだった。　　　　　　　　　　（『キラキラ』P.16-17）

　それまでクラスの友だちや担任の先生に理解してもらい、どもってもそれが普通のこととして過ごせていた新一が5年生になって初めて壁にぶつかります。吃音のことをきちんと説明してもらっていないために、吃音のことをちゃんと知らないからこそからかう友だち。そして、これもまた吃音のことをちゃんと知らないからこそ、そこでおこった笑いを軽く流してしまう担任の川畑先生。新一の吃音そのものに変化があったわけではないのに、周りの理解や対応で状況は一変し、こんなにも苦しい思いが生じてしまいます。川畑先生も、からかった友だちも、決して悪意があるわけではありません。"知らない" ということの怖さを物語っています。
　さらに、5年生という年齢もあるのかもしれませんが、これまで母親と吃音の話をオープンにしてきた新一ですら、なぜか、苦しい気持ちを親に言いたくないと感じ、自分の胸の中にしまいこみます。子どもは、吃音についてのからかい・指摘があることや苦しい思いを必ずしもすぐに、身近な人に教えてくれるわけではない、という難しさがあります。それを私たちは知る必要があります。

　こんなにもストレートに他人からどもることを「悪くない」「しかたない」と言われたのは初めてだった。まわりの人はたいてい気をつかった言い方をするのに、ひげ先生はちがった。どもることを困ったことやつらいことのように言うのではなく、なんにも悪いことではないと、きっぱり言って

くれた。どもってしまうのはしかたのないことなんだと。それがうれしかっ
た。そして、困ったことがあったら、この先生は本気で味方になってくれ
るにちがいないと思った。　　　　　　　　　　　　　　（『キラキラ』P.28）

　1年生で言葉の教室に通いはじめ、ほどなくしてひげ先生から言っても
らった「どもって話すことは間違った話し方とか、正さなければならないも
のではない」という言葉を受けて、新一が感じた思いです。
　「どもることは悪いことではない」と言ってもらうことで、安心して話せ
るようになるお子さんがたくさんいます。ただ、ここで大切なのは、ひげ先
生が、短絡的に「どもってもいいんだよ」と言っているわけではないという
ことです。病院や言葉の教室などの相談の場で、「どもってもいい」「どもっ
ても大丈夫」という考え方を臨床家が子どもに押し付けてしまうことがあり
ます。子どもが抱えている困り感を話題にせず、ただ、「いいんだよ」「大丈
夫」と言ってしまうのです。なぜなら、そう答えることは楽だからです。ち
ゃんと知ろうとしない、しっかり学ぼうとしない人が発する常套句としての
「どもってもいいんだよ」は、吃音のある子どもにとって、無責任で残酷な
言葉以外の何ものでもないと思います。
　ひげ先生はそうではありません。新一に、「でももしどもることで困ったり、
しんどいことがあるなら、どうしたらいいか一緒に考えていこうね」と伝え
ています。子どもが吃音による困り感を持っているのであれば、きちんと耳
を傾け、一緒に対策を考える、臨床家にはその姿勢が求められるのです。

　お母さんがこれまでどれだけつらい思いをしてきたのか、今日初めてそれ

を言葉で聞いた。大事な人の悲しみや苦しみを知らないでいるよりも知っておく方がいい。それはとてもつらいことかもしれないけれど。でも、それはとても大切なことのように思える。子どもあつかいしないで隠さずにきちんと言ってもらえたこと。そんなお母さんの態度がうれしかった。

（『キラキラ』P.52）

　『キラキラ』の中には、何回読んでも思いが胸に迫ってきて涙がこぼれてしまう場面があります。

　「六　お母さんにインタビュー」の章で、母容子が、新一がどもりはじめた頃の話をしながら、苦しかった気持ちを打ち明け、涙します。それを聞いている新一も思わず泣いてしまいます。私のところに現在相談に来ている小学2年生の吃音のある男の子が、「ここを読むと、ぼく、泣いちゃうんだよ」と、その気持ちを、本当に涙しながら話してくれたことがあります。それほどまでに、当事者の心に響く情景が描かれているのだ……。それを聞いた私もまた、涙がこらえられませんでした。

　ここで容子が語っていることは、多くの吃音のある子どもを持つお母さんたちが経験してきた思いや苦悩を代弁していると思われます。と同時に、医療センターの村井先生に「お子さんが吃音になったのはお母さんのせいではありませんよ」と言ってもらい、気持ちが救われたという経験も、不安の中、相談機関に足を運び、適切な説明を聴くことができた多くのお母さんたちが共感するところではないでしょうか。

　「最近どう？」

ひげ先生がポツリと聞いてくれた。新一の気持ちを察するかのように、その声はあたたかくむねにしみこんだ。新一はしまいこんでいたものを一気にはき出したくなった。どうしてかは分からなかったが、強烈にひげ先生に話したくなった。お母さんにもお父さんにも言われずにむねにしまっておいた気持ち。ひげ先生に聞いてもらいたい。知ってほしいと思った。そして、ひげ先生ならなんて言ってくれるか、聞いてみたかった。頑丈な心のとびらをようやく開けてみようと思った。

「僕、ちょっとしんどいねん」

むねがいっぱいになって、おしつぶされそうになるのをがまんしながら新一は思いをひとつひとつ言葉にしていった。声がふるえて、息苦しくなって、泣くのをがまんしながら、最後まで言いきった。ひげ先生はなにも言わなかった。じっとだまって聞いていてくれた。

沈黙の時間が続いた。話し終えたことで新一は、むねにつまっていたものがポッコリととれたような気がした。大きく深呼吸した。教室の外からヒヨドリのさえずりが聞こえていた。そして、ちらっとひげ先生の方をむいた。ひげ先生は、まっすぐ新一を見つめていた。いつもの丸い眼がいっそう丸くなって、そこから涙がこぼれていた（ひげ先生泣いてたんや）と分かったとたん、急に新一のむねがしめつけられて涙が次々とあふれ出てきた。（泣かんとこ泣かんとこ）と自分に言い聞かせるのだが、涙はどんどんあふれてきた。

「なんで、そんなつらいおもいせなあかんねんやろなぁ、なんでやねんなあ、なんでやあ」ひげ先生は、かすれた声で何度も何度も「なんでや」と誰に言うでもなく声をしぼり出していた。

新一は、「先生もうええから、泣かんといて」と心の中で伝えた。しばらくして、やっと、

「僕、もうだいじょうぶやから」

ひげ先生を見ないで何とか声に出すことができた。口に出してみるとほんとうにだいじょうぶそうに思えてきた。　　　　　　　　（『キラキラ』P.73-75）

長い引用になりましたが、「八　久しぶりの言葉の教室」の一場面です。

『キラキラ』を読むたびに、どうしても思いがあふれて、涙がこらえられない場面です。

吃音のことを笑われるようになった新一が、だれにも言えずため込んでいた思いを、ついにひげ先生に話します。吃音が理解されていない環境では、吃音のある子どもは、こんなにつらい思いをしなければならないということに胸がしめつけられます。だからこそ、吃音のことが理解されている環境が本当に大事なのだと感じます。そして、こんなに苦しい思いをしていても簡単には相談できなかった新一の気持ち、でも、ひげ先生との信頼関係において、このように話せたこと、話せる場があったことも、とても大切なことです。

この後、ひげ先生の提案で、校長先生、教頭先生、担任の川畑先生、ひげ先生、新一のお母さん、そして新一本人も同席して、吃音についての「作戦会議」が開かれることになるのです。

「エエえっとえっと、僕はときどきどもります。幼稚園のときからどもってます。で、コこのしゃべり方は、僕だけのもので、まねできないと思います。ホ他にどもる人がいたら別ですけど。それで、んーどもらないでしゃ

べりたいと思うときがあるけど、これは、僕のしゃべり方なので、しかた
ありません。だから、皆も、しかたないと思って、聞いてください。で、
コこれからもト友だちでいてください」（中略）思っていることを皆の前
で吐き出せた新一は、むねがずいぶんすっきりした。そしてひげ先生の言
葉を思い出した。自分の力でやれたんだ。でも、皆にいっぱい助けてもらっ
た。そのことを忘れてはならないと。　　　　　　（『キラキラ』P.106-107）

　「十　お母さんの手紙」の最後に、新一がクラスメートに向かって伝えた
言葉と思いが綴られています。
　作戦会議の後、吃音についての勉強をし、これまで自分の思い込みによっ
て吃音について大きな誤解をしていたと気づいた担任の川畑先生は、ホーム
ルームでクラスの子どもたちに吃音についての話をします。そして、新一に
これまでのことを謝りたい気持ちと同時に、新一のおかげで吃音について正
しく知ることができたことに対して「教えてくれてありがとう」と伝えます。
もしこのまま吃音について知らなかったら、もっと多くの人を傷つけること
になっていただろうと。知るきっかけを作ってくれた新一への感謝の気持ち
です。そして、川畑先生は、新一のお母さんが、新一の友だちにあてて書い
た手紙（『キラキラ』P.101-105）を、ちょっと泣きそうになりながら読ん
でくれます。
　新一自身の成長、そして、そこに周囲の大人たちがちゃんと手を差しのべ
てくれたことによって、川畑先生の気持ちが動き、それがクラスメートにも
伝わった瞬間でした。
　これこそが、『キラキラ』の力を借りて私たちが実現していかなければい

けない情景であると思うのです。吃音について知ってもらうために、単に情報を伝えるだけではなく、気持ちを、心を、そして人を動かす伝え方をしていくこと。

たくさんの大切なことを教えてくれた『キラキラ』。

これまで、何回も、何回も読み返してきました。

不思議なことに、何回読んでも、読むたびに、心にぐっと響いてくる箇所が違います。何度も読んだはずなのに、まるで初めて読んだかのように新鮮に感じられる箇所もあります。そのとき、自分自身がどんな状況に置かれているか、どんな方たちにお会いしているか、自身がどのような思いを抱えているのかによって、『キラキラ』は多彩なメッセージを送ってくれます。

そんな素敵な『キラキラ』を、ひとりでも多くの人に読んでもらいたい。ひとりでも多くの人に吃音を知ってもらいたい。私は、そんな思いで、まさに「『キラキラ』を携えて」吃音の臨床に関わってきました。

私と『キラキラ』との出会い　第2章

時は流れ、小学生だった新一が成長して中学生になり、『キラキラ』の続編が出版されたのは、私が、長年住み慣れた東京を離れ、長野県東御市に移ることを決めた2013年の秋でした。

病院の最寄り駅、しなの鉄道の田中駅で、出版されたばかりの『続編キラキラ　少年新一の成長記』（以下、『続編キラキラ』）を読みながら、涙がぽろぽろこぼれました。登場人物たちの声は、より一層いきいきと、私に語りかけてきました。

『キラキラ』との最初の出会いから、6年が経過していました。

29

　そして実は、私が『キラキラ』のものがたりが果たす役割をあらためて実
感し、本当の意味で「『キラキラ』を携えて」吃音の啓発活動ができるように
なったのは、この長野の地に来てからなのです。

　『続編キラキラ』では、成長したからこそ描かれる新一の現実ということ
だけではなく、いくつかの大切な、より深い、そして難解なテーマが読者に
投げかけられています。
　まず、ひげ先生が新一に投げかけた問いです。「才能と吃音」の章で取り
上げられています。

「お母さんやお父さんからよく言われることがあってね。『何か自信になる
　ものを身につけさせてやりたい』って。自信になるものを持っていると、
　吃音に立ち向かうことができるのではないか、負けない、くじけない、そ
　んな意味合いで自信になるものを何か見つけてやりたいんだって。
　その気持ちはとてもよく分かるんだ。確かに人よりもすぐれたものを持っ
　ていたり、マネできない特技なんかがあったら、それはそれで素晴らしい
　し、当然自信になると思う。ただね、ここからなんだ、長谷君にぜひとも
　意見を聞きたいところは。自信になるものを得たとして、それがあったら
　吃音を気にしないで生きていくことってできるだろうか。」

（『続編キラキラ』P.40）

　私もこれまで、何人ものお母さん、お父さんから、「しゃべることが苦手
な分、他のことでカバーできるような得意なことを身につけさせたい。そし

30 長野の言語聴覚士から

て自信を持たせたい」という思いをお聞きする機会がありました。親御さんであれば、当然の思いかもしれません。得意なこと、自信が持てる何かがあること、それは素晴らしいことです。でも、そういった特技や才能があることと、吃音があることとの関係って何なのだろう、と思います。

今までお会いしてきた方々のことを思い出します。

ふと頭に浮かんだ女の子。彼女は高校生のときも、吃音による話しづらさが決して軽くはありませんでした。お母さんは「吃音があるので、話さなくてもよいような手に職をつけさせたい」とおっしゃっていました。そんな彼女自身は人と関わり、コミュニケーションを取ることが大好きで、お母さんの心配をよそに、自ら、人と話すことが必須の医療職の世界に飛び込んでいきました。

確かに、スポーツ、音楽、勉学など、何かに秀でていることで、自信が持てる、自分の存在意義を感じられることは素晴らしいことだと思います。吃音があっても、吃音がなくても、です。

でも、それが、吃音があるから必要なものだったのかどうかについては、その判断は実は本当に難しいところだと思います。実際、何かの資格や技能があることで、"吃音があっても"、自信を持って役割を果たせていると感じている人もいると思います。でも、特別な才能や能力がなくても、ごくごく普通（普通とは何か、定義が難しいところですが）に、そして幸せで充実した人生を送っている吃音のある人もたくさんいらっしゃいます。つまり、吃音は、何か秀でたもので補わなければならないようなマイナスなものではないのではないか、ということです。もし、秀でたものがあれば、それはあくまでも＋α（プラスアルファ）の素敵なものであって、それが吃音による

マイナス（もし、そう思われる方がいれば）を補っているわけではないように思うのです。

　ただ、そのように考えるためには、社会において吃音がどのように認識されているか、ということが重要です。社会において吃音が「マイナスなもの」と受け止められているとしたら、やはり、親御さんにしても、吃音のあるご本人にしても、「何か特別な能力を身につけて、吃音のマイナス分を補わなくては」という考えに至るのも無理がないかもしれません。

　ひげ先生からのこの問い、簡単には答えが出ないような気がします。皆さんもぜひ、考えてみていただけますでしょうか。

　さて、次にも難問が控えています。村井先生から新一に投げかけられた大きな宿題、「吃音と個性」についてです。臨床的にも大きなテーマであると思います。ご一緒に考えてみませんか。

「長谷君にとっては吃音は『個性なんだ』ということだよね。そして『個性だから別に説明しなくてもいいのでは』と書いてくれてる。また一方で、『友達からマネされたり、何でそうなるかと思われても当たり前だ……』って。そして『吃音について知らなかったら不思議に思うのが普通です』とも書いてくれたよね。最後に『偏見を持たないでほしい』という言葉で結ばれてる。じゃ、知らない人のために何かできることはないかなぁ。吃音を知らない人に『個性だから偏見を持たないで』だけで分かってもらえるかな。」
（『続編キラキラ』P.90）

新一が書いた作文（『続編キラキラ』P.82-83）を読んだ村井先生が、その

32 長野の言語聴覚士から

内容に敬意を表しつつ、さらに課題を投げかけている問いです。

　吃音のことを「個性」として説明することは、臨床の場面で少なからずあるようです。私自身は「吃音は個性だから」という表現で説明することはないのですが、そのように解釈される方は少なくないようです。

　でも、そもそも「個性」って何なのでしょう。広辞苑で「個性」を引くと、

　　1. 他の人とちがった、その人特有の性質・性格。個人の特性。
　　2. 個体に特有の性質。

とあります。たとえば、

　髪が長い、短い
　黄色が好き、青が好き
　体を動かすのが好き、本を読むのが好き

　これは、客観的もしくは主観的な事実を述べているだけだから、「他の人とちがった、その人特有の性質」という定義に当てはまるような気がします。でも、

　目が大きい、小さい
　背が高い、低い
　走るのが速い、遅い

こうなってくると、ちょっとずつ“社会的な”価値観が加わってくるような気がします。「ちがい」だけでは説明できなくなってきます。何らかの優劣の価値判断が生じています。つまり、「プラス」か「マイナス」かというイメージです。

　でも、これらも、社会的には“個性”として見なされているように思うのですが、いかがでしょうか。

　そうすると、吃音はどんな“個性”として認識されるのでしょう。

　「話すことが苦手」「滑らかに話せない」といった“個性”になるのでしょうか。

　私は、吃音のある子は決して「話すことが苦手」「話すことが下手」なわけではなく、「他の友だちと話し方が少し違う」「話すときに友だちよりもちょっと時間がかかるときがある」と考えてもらえたら、と思います。

　こんな説明はどうでしょう。

　くり返したり、伸ばしたり、つまって声が出てこなかったりする話し方を吃音と言います。

　吃音のあるお友だちは、子どものうちは 100 人に 5 人くらいいるんだよ。大人でも 100 人に 1 人はいるんだって。

　どうしてそういう話し方になるのかは分からないんだけど、病気とかではないんだ。

　背の高さや体重がみんな違うように、それがその人にとっては自然で普通な話し方だから、別に話すことが「苦手」とか「下手」なわけではないんだよ。

　ちょっと時間がかかることはあるかもしれないけどね、この話し方で「上手」に伝えることはできるんだ。

新一に出した宿題に答えた作文（『続編キラキラ』P.93-95）を読んでの、村井先生の思いです。

新一が作文で一番伝えたかったこと。それは「違いをおかしいととらえないでほしい」という願いだ。違いは違いとして認めること。決してうやむやにしたり、なかったかのように覆いをしてしまうことではない。違いをおかしい、ととらえてしまう構造そのものに問題が潜んでいるのではないだろうかという視点と、やがてはそれが偏見へとつながっていくのではないかという観点。それを中学生でありながら表現できていることに驚きを隠せない。「偏見を持たないで」と声高にお題目を唱えているのではけっしてないのだから。　　　　　　　　　　　　　　　　　（『続編キラキラ』P.97）

「才能と吃音」、「吃音と個性」この大きなテーマについて私なりの考えをお伝えしました。

皆さんはどのようにお考えになったでしょうか。

果たして答えがあるものなのか。私自身の考えもそうですが、『続編キラキラ』の中で新一が述べていることについても、どれが正しい答えというわけではないと、私は思います。ひげ先生も、村井先生も、ご自分なりの見解を述べながら、「他の考え方もあるかもしれません」と言っています。大切なのは、皆さんで考えてみること、そしてできれば、その考えについて、語り合い、考えや意見を交換し合うこと、それが、明日からそれぞれがどの方向に進めばよいか、その方向性を見い出すためのヒントになるのではないでしょうか。

2014年4月、私は、それまで勤めていた規模の大きな国立リハビリテーションセンターから、人口3万人の東御市にある小さな市民病院にやってきました。思うところあって、この病院で吃音の専門外来を開設し、幼児から成人まであらゆる年代の方の吃音のご相談を担うためです。以来、東御市ではこの吃音外来が核となり、「吃音のある子・人やその家族が、安心して暮らしやすい地域・社会」作りを目指して、さまざまなつながりを作ってきました。その一連の取り組みの中で、私は、特に前の職場ではやりたくてもなかなか実行できなかった「吃音のある子どもを持つ保護者支援」の活動に力を入れてきました。今思えば無謀な話ですが、長野・東御に来た1年目の秋、まだまだ不案内な地で、心細い気持ちながらも第1回の保護者のつどいを開催しました。初めてにもかかわらず約30人もの保護者の方が参加してくださり、とても有意義な時間を持つことができました。私は、この取り組みの意義と大切さを強く感じました。

　その後、この東御での保護者のつどいの記録冊子を携えて、初めて大阪の吃音座談会に参加させていただいたことは、大きな、大きな転機となりました。『続編キラキラ』の「吃音の啓発」の章に描かれている「吃音のある子どもを持つ親の座談会」です。ここで、大阪の吃音親子の会のみなさんと出会いました。本編に登場されている小野さん、稲田さん、小畠さんに実際にお会いし、『続編キラキラ』の中で読んだ座談会の場に、現実に自分がいることが不思議でした。本の中に描かれていたとおり、保護者の方同士がさまざまな思いを共有し合いながら、笑顔あり、涙あり、でもそこには何とも言えないあたたかい空気と、安堵の気持ちと、そして今後への希望が感じられました。

36 長野の言語聴覚士から

　このような会に、長野のお母さんたちも参加できたらいいのに！

　そして、こんな素敵な実りの多い座談会をいつか長野でも開催したい！と強く思いました。

　そして、大阪の座談会で出会ったお母さんたちに勇気をもらって、長野でも第2回、第3回、第4回と保護者のつどいを続けながら、さらに多くの人に『キラキラ』を読んでいただいてきました。東御市内のすべての保育園に『キラキラ』を置いていただき、東御市立図書館にも『キラキラ』が蔵書されました。病院に相談に来られるお子さんの親御さんに行う吃音ガイダンスの重要な資料として、また、お子さんの通う保育園、幼稚園、学校の先生方に吃音を理解してもらうための頼れる応援アイテムとして、『キラキラ』は、長野の地に来てからの私のことをいつも強力にサポートしてくれました。

　そして、2016年6月、ついに念願がかないます。

　吃音のある我が子の育ちに不安を抱える長野のお母さん、吃音のある子どもの親御さんのために何か役に立つことをしたいと考えている当事者の方、吃音のある子ども・その保護者の方を支援する言語聴覚士の仲間が、大阪の座談会に一緒に参加してくれたのです。そして、本当はとってもとっても参加したかったけれど、それがかなわなかったお母さんたちの思いを綴って、冊子「キラキラを胸に」を作りました。これは、『キラキラ』を読んだお母さんたちから、「堅田先生、大阪のお母さんたち、ぜひ長野に来てください！」という、ラブレターであり、ラブコールでした。

　果たしてその思いは見事に伝わり、2016年9月には、大阪から堅田先生と吃音親子の会のお母さんたちをお招きして、合同座談会が実現しました。長野と大阪だけでなく、さまざまな地域から多くの人が参加してくださり、

その活動は、その後も継続されています。『キラキラ』がきっかけで、吃音啓発の大きなうねりのようなものが生じているのが感じられます。なんてすごいことだろう、と思わずにはいられません。

私と『キラキラ』との出会い　次の章へ……

　『キラキラ』この素敵なものがたりによって、ひとり、またひとりと、吃音理解の輪が広がり、吃音に悩み、不安を抱えるお子さんや親御さんが救われてきました。
　『キラキラ』が発信するメッセージは、数知れませんが、少しまとめをしなければなりません。

- ●吃音とはこういうものですよ、と伝えることと同様に、吃音のある子どもはこう感じているのですよ、その子どもの親はこんなふうに思っているのですよ、ということを伝えたい。
- ●吃音をよく知らない相手の立場や背景も考え、ただ一方的にではなく、相手の心に届いて、響いて、そして気持ちを動かす吃音啓発を進めたい。
- ●吃音について発信し、啓発していくことは、吃音のある子どもを守るためだけではなく、吃音のない子どもたちが正しく吃音を知って育っていくことにつながる、つまり、すべての子どもたちにとっての未来への贈り物になる。

「キラキラ」にはそんな思いがつまっています。

38 長野の言語聴覚士から

　最後に、私が対人援助職である言語聴覚士として、いつまでも心にとどめておきたいと感じている場面・フレーズを、皆さんにぜひご紹介させてください。

「先生、何て声をかけたらいいのか、コ困ってしまいました。」
「あはははは、いいんだよ、あれで、長谷君のこと気に入ってくれたのかもしれないね。長谷君が一生懸命に声をかけてくれて嬉しかったかもしれない。いい表情していたから。あの子ね、アッちゃんていうてね、施設から来ている子なんだ。親はいないんだ。」
頭を思いっきり殴られたような衝撃が走った。
適当に思いつくままにしゃべってしまった自分のいい加減さ。無責任さで震え出しそうになりながら。
彼女には親がいない。それなのにひどいことを聞いてしまった。なんとひどいことを……。
「先生、なんかものすごく悪いことを言ってしまいました。どうしよう、すみません。何であんなこと言ったんやろか、本当に、本当にすみません。」
「いや長谷君いいんだよ。精一杯話しかけてくれたじゃない。アッちゃんと仲良くなろうって。その気持ちが大切なんだよ。
長谷君は高校生になったいまも昔と変わらない誠実さを持ち続けてくれてるんだね。僕はそのことが分かって嬉しい。『すみません』ってすぐに言える素直さもね。いやぁ、僕よりもずっと素直で誠実な人だよ。
ひょっとしたら、この出来事は長谷君の記憶に留まっていくかもしれないね。それはそれでいいんだと思う。そのための出来事だったのかもしれな

い。僕は、いまこうして君の姿から学ばせてもらってる。ありがとう、長谷君。」
ひげ先生の目がキラキラと輝いて見えた。　（『続編キラキラ』P.191-192）

「自分が何を求めているのか、何をすべきなのか、いやそんな格好のいいものじゃないな……。でも、自分の進む道というか、はっきりしないんだけども、呼ばれている方向のように思えたんだ。」（『続編キラキラ』P.195）

「……もう一度ね、僕の役割って何だろうか、何を大事にしていこうか、って考えるようになったんだ。自分だったらどんな先生と話をしたいか、どんな先生なら会いたいか、その先生がどんなふうにかかわってくれると嬉しいか、って思うようになったんだ。親御さんに対しても同じで、話していてどんな先生ならもっと話していたくなるのかって。専門的な知識も必要だと思う。でもそれだけではないなぁって。アドバイスとか助言をするにも上手な方がいいに決まっている。でもそれだけではないなって。うまく言い表しにくいんだけども、相手の人がどんな思いで今いるのか、その人の言葉や、言葉で言い表せていないものもすべて感じ取れるようになれたらいいなぁって。難しいんだけどね。それから、相手のことを感じようとしながら、自分の心のなかで起こっていることにもちゃんと気持ちを向けていくんだ。ただいま修行中の身なんだけど……。何か難しい言い方しちゃったね。」
　　　　　　　　　　　　　　　　　　　　（『続編キラキラ』P.198-199）

桜の木々が萌えるような新緑を輝かせていた。新一が一年で一番好きなこ

の季節。
　吃音がひげ先生を結びつけてくれた。これから先、どんな人と出会えるだろうか。まだまだ苦手な吃音だけれど、ここでありがとうって言ってやりたい。
　　　　　　　　　　　　　　　　　　　　　　　（『続編キラキラ』P.206)

　吃音というご縁によって、皆さんと出会えました。
　吃音に関わる仕事をさせていただいたからこそ『キラキラ』に出会えました。
　人は、きれいな絵を見たり、美しい音楽を聴いたり、優れた文学を読んだりすることで心を豊かにすることができると思いますが、やはり、人は、人との関わりの中で、心が磨かれ、成長していけるのだと思います。
　私は、吃音と出会って、吃音に関係する人たちと出会って、たくさんのことを学び、成長させていただいていると感じています。『キラキラ』は、その出会いの懸け橋になってくれました。
　『キラキラ』に、心から、ありがとと伝えたいと思います。
　私と『キラキラ』との出会いは次の章へと続いていきます。

Ibuki: 画

★家族、そして吃音を理解しようとする人から

五味 奈美

歯科医師
年齢：40代
好きな言葉：嬉しい、楽しい、幸せ、大好き、ありがとう

星に願いを込めて……

　私は、吃音のある小学2年生の男の子、五味佑翔の母親です。

　佑翔が、保育園年少の頃より吃音に気づき、知り合いから餅田先生の事を聞き、年中の夏より吃音の外来（ことばの外来）を受診しています。

　餅田先生から初めて、吃音の事、佑翔だけではなく吃音のある人がたくさんいる事を聞きました。たいした事ないだろうと考え、それまで間違った対応をしていた事もあったと反省したのを思い出します。

　佑翔は毎回楽しくことばの外来に通っていたのですが、ある時から受診しても一言もしゃべらなくなってしまいました。佑翔の気持ち、吃音のある子どもの気持ちが分かってあげられないと餅田先生に相談したところ、『キラキラ どもる子どものものがたり』を貸してくださいました。佑翔は年長になっていました。

私が家で『キラキラ』を読んでいると、佑翔が、「何を読んでいるの？」と聞きに来たので、「ゆうちゃんみたいに、あ・あ・あ……ってなっちゃうお友達の本だよ。あ・あ・あ……ってなってもいいんだって。治さなくってもいいんだって」と話しました。その時は、「ふーん」と言っていただけの佑翔でしたが、それ以降、たくさん話をするようになりました。あとから分かったのですが、佑翔は、"病院に行くからには治さないといけない。でもしゃべると、吃音が治ってないのが分かってしまう"と思っていたようです。

　当時、私自身吃音のある子どもの気持ちが分からず、どもる息子を見て、"治してあげたい、治ればいい"と思っていました。私もどこかでプレッシャーをかけていたのかもしれません。『キラキラ』のなかで、「どもる事って別に悪い事ではないし、間違った言い方をしているわけでもないよね。だからそれを正さないといけないって考えなくていいと僕は思う」というひげ先生の言葉を聞いた新一くんが、「どもってもしかたないんだ、と、うれしかった。」と感じたというところを読んで、私は息子の気持ちを分かっていなかった事に気付き、泣いてしまいました。

　保育園では、担任の先生だけではなく全ての先生に吃音について知ってもらい、年長の時には担任の先生が、クラスのお友達に佑翔の吃音の話をしてくれました。おかげで佑翔は嫌な思いをする事なく（少しはあったのかもしれません……）、元気に楽しく過ごせたと思います。

　保育園に通っているうちに友達が吃音の事を理解してくれた事に大きな意味があったと分かったのは、小学校に入学した後の事でした。小学1年生

の時、朝の健康観察で、"はい元気です"がうまく言えず、泣き出しそうになった時、保育園で同じクラスだったお友達が「ゆうとくんは、たまにこうなっちゃうんだよ」と言って助け船を出してくれたのです。実を言うと保育園の時、クラスのお友達に吃音について話す事の意義を園長先生になかなか理解してもらえず大変な思いをしたのですが、こんなふうにちゃんとつながっているんだ、と嬉しく思うとともに、伝えていく事の大切さとサポートしてくださっている方々への感謝の気持ちでいっぱいになりました。

　正直、これから佑翔の心と体が成長していくと、どうなるんだろう？……と不安に思う事もあります。知っていながら嫌な事を言ってくるママ友がいたり……。ことばの調子が悪いと親子で落ち込んでしまう事もあります。

　実は昨年の夏、私の住んでいる市で、子育てに関するあるお便りが各保育園で配られました。多くの保護者の方が手に取り、目にする、影響力の大きい公の文書です。そのなかに、吃音についての記述がありました。吃音の事を取り上げて頂いたのはとても嬉しかったのですが、「吃音は心のストレス状態の現れだと言われている。思うように表現出来ない本人が一番辛い思いをしている」と書かれていた事に愕然としました。

　『キラキラ』では、新一くんのお母さんがお友達にあててこんなふうにお手紙を書いています。

　どもる事で笑われる事は新一にとっていやな事でしょう。でも、もっとい

やな事があります。それはなにかわかりますか。それは「どもるからかわいそう」という思いで新一を見る事、つき合う事なんです。それが一番傷つく事なんです。自分でかわいそうな人間だって思いながら元気に生きていけるでしょうか。

市で配布されたお便りの件で、吃音を知らないという事の怖さを改めて感じました。

私は、いつも『キラキラ』を携えて、正しい知識と理解を1人でも多くの人に伝えていかなくてはと思います。

うまくいかない事、辛い思いをする事もありますが、そんな時はいつも助けて頂いている言語聴覚士の先生や同じ吃音のあるお子さんのお母様方、そしていつも応援してくれている友人たちを思い出し、心の支えとして、前に進んでいきたいと思います。

そして昨年の終わり、佑翔の学校で先生方のご協力を頂いて、2年生の子どもたちに吃音の授業をして頂く機会がありました。子どもたちだけではなく、佑翔がお世話になった保育園の先生方、何人かの保護者の方もその授業を聞きに来てくださり、本当に嬉しい気持ちでいっぱいでした。

最後に、その授業のなかで読んで頂いた私の手紙を紹介して、締めくくりたいと思います。

46　星に願いを込めて……

こんにちは。

2 年 1 組五味佑翔の母です。

佑翔は保育園の年中の時から吃音があります。

保育園の先生や、かな先生に話をしてもらったので、みなさんの中には知っている人もいると思います。

佑翔は「お友達に吃音の事を知っていてもらうと話しやすい」と私に言ってくれています。

1 年生の時、朝の健康観察で佑翔がつまってしまってうまく言えなかった時、ゆうき君が「たまにこうなるんだょ〜」とみなさんに言ってくれた話をかな先生から聞きました。佑翔は助けてもらって本当に嬉しかったと思います。

佑翔が楽しく学校に通えるのは、きっと、佑翔が「あ、あ、あ、」ってなってもみなさんが最後まで話を聞いてくれているからだと思っています。本当にどうもありがとうございます。

佑翔や、佑翔以外にも吃音があるお友達がもし困っていたら、どうか助けてあげてください。そして、吃音の事を知らないお友達がいたら、今日勉強した事を教えてあげて欲しいです。

2 年生のみなさんの事を、とても頼りにしています。

これからもどうぞよろしくお願いします。

平林 実香

看護師、「きつつきの会」副代表
年齢：30代
好きな言葉：実るほど頭を垂れる稲穂かな

「きつおんはぼくのしゃべりかた」 – 陽翔のものがたり –

　私が「キラキラ」と出会ったのは今から4年前にさかのぼります。
　現在小学2年生の息子、陽翔がどもり始めたのは、4才の頃でした。急に「こ、こ、こ、こ、これね」と最初の言葉を繰り返し始めました。当時の私は「吃音」という言葉も知らず、一時的なものだと思っていました。ただ単に焦っている、慌てているのだと思い、「ゆっくり言えばいいよ」「落ち着いて」と声を掛けていました。すると徐々に、顔を真っ赤にし、苦しそうに発声するようになり、初めの言葉が出なくなるようになりました。年少担任の瞳先生から、「吃音」かもしれないとのことで、市内の小学校にあることばの教室へ相談に行くことになりました。そこで、隣の市の病院に吃音専門外来があることを知り、言語聴覚士である餅田亜希子先生との出会いから、私達家族の「キラキラ」の物語が始まりました。

1．どもるって悪いことではない　－吃音と向き合うこと－
　「キラキラ」を餅田先生に紹介して頂いたのは、初診の時でした。

「キラキラ」を初めて読んだ時、私は新一君のお母さんの立場に立っていました。お母さんの気持ちが私自身の気持ちと重なり、読んでいて涙が止まりませんでした。当時、同じ思いを共有できる人もおらず、一人で悩んできた私にとってどれほど心強いものだったかよく覚えています。

「キラキラ」は"物語"として進んでいくので、それぞれの登場人物の"気持ち"や"思い"を知ることができます。物語の中で描かれている新一君の気持ちを、陽翔も同じ気持ちなのかなと思いながら読むと、胸が苦しくなる場面も多くありました。

「どもるって悪いことではないんだ、そのままでいいんだよ」とひげ先生が語りかける場面では、自分が「吃音」について何も知っていなかったと気付かされました。

当時の私はインターネットで吃音について調べ、治療法がないか探すのに必死でした。その為、ひげ先生の言葉はショックでしたが、同時に、登場人物それぞれの思いを知り、吃音について正しいことをもっと知らなくてはならないと思いました。

そして、世間で一般的に言われているような、「吃音になるのは親のしつけのせい」「愛情不足だから」「緊張しているから」「慌てているから」……といった認識は正しくないことが「キラキラ」には記されています。「陽翔に吃音があるのはお母さんのせいじゃないよ」と言ってもらえた安心感で一杯になりました。それまで、陽翔を吃音にしてしまったのは私の関わり方のせいだ、どうしたら治るのか、と先の見えないトンネルに迷い込んでいた私が、「まだスタートラインにも立っていない、まだできることがある」と感じるようになりました。

「キラキラ」を読んだことで、まさに、一筋の光が差し込んだようでした。

２．吃音を伝えること

　吃音について周囲の人に知ってもらう為の「作戦会議」では、皆の前で吃音のことがオープンに話されます。この部分を読んだ時、正直なところ、陽翔もいつか、新一君の様にクラスのみんなの前で話すことができるようになるのか、私自身が新一君のお母さんの様になれるのだろうか、という不安を感じました。「キラキラ」を読んで正しい知識が得られたからといって、実際に自分自身が行動に移すことは、不安です。ですが、「キラキラ」の中には、新一君達がどのように進めていくのかが、具体的に、そして丁寧に記されています。「作戦会議」を行う際は、これを参考にしながら進めていけばよいのだ、と思いました。

　周囲にどのようにして理解を求めていくか、吃音がある子ども達が過ごしやすく、安心してどもれる環境を作ることが大切であるということがわかりました。また、伝える相手がどこまで吃音のことを知っているのか、どのような考えを持っているのかを確認することも必要だと思いました。

　そして、周囲の人達が気付いていないから吃音の説明をする必要がないのではなく、からかいや指摘が起きる前に話すこと、そしてどもる子どもは他にもいて、将来も出会う可能性があるので吃音の知識を知っていてもらう必要があること。そういったことの大切さについて、「キラキラ」は、当事者、家族だけでなく、周囲の人にも語りかけてくれるので、吃音を理解してもらう為には欠かせない存在だと思います。

　そしてさらに、当事者や家族が安心して相談できる人「ひげ先生」のよう

な人が身近にいるというのは、とてもありがたいことです。

　私達は「キラキラ」を読んで吃音について正しい知識を得ることができました。餅田先生にご指導いただきながら、「あ、あ、あ、ってなってもいいんだよ、そのままお話してね」と陽翔に伝えることで、難発まで悪化していた吃音が徐々に軽くなり、連発しながらでも話せるようになりました。

　吃音があっても、おしゃべり大好きな陽翔に戻ったのです。

　そして、保育園年長の時には担任の瞳先生から「クラスのお友達へ吃音についてのお話」を、小学２年生の秋には担任の先生から「吃音の授業」を行ってもらいました。それはどちらも、陽翔にとってキラキラする出来事となりました。

3．吃音がパワーになる

　年長担任の瞳先生は、陽翔のことばの外来受診に同行してくださり、餅田先生と直接お話してくださいました。

　当時の陽翔は、保育園でお友達から話し方について指摘されることはなく過ごせていました。

　ですが小学校に上がり、吃音について知らないお友達から指摘される可能性は十分にあり、母親の私はそのことが心配でした。瞳先生にも「キラキラ」を読んで頂いた上で、餅田先生、瞳先生、陽翔、私で初めての「作戦会議」を開き、年長のお友達に吃音について知ってもらうことにしました。

　瞳先生は保育園年長の５、６才の子ども達にもわかるように文章を考えてくださいました。吃音に対してマイナスイメージのない陽翔は、保育園のお

友達に話してもらうことをとても楽しみにしていました。

　話をしてもらった後、陽翔は、「(吃音のことを話してもらえて)よかったよ！ だってみんな、"がんばって"っておうえんしてくれるし、みんなのパワーがはるとのところにあつまってくるんだ〜！」と言っていました。その時の陽翔のキラキラした笑顔は忘れられません。

　「キラキラ」を読む前は、吃音について周囲に知ってもらうことに抵抗がありました。今思えば、私自身に吃音に対しての偏見があったからで、なんとかこのまま自然に吃音が治ってほしい、と思っていました。ですが、「キラキラ」を読んで吃音と向き合うことができ、一歩踏み出す勇気が出たのです。

　そして、その後、瞳先生の提案で、私達の住む市の保育士研修会で餅田先生をお招きし、吃音の研修会が行われました。市内の多くの保育士さん達に吃音の正しい知識が広がり、とても感謝しています。

　小学校へ入学し、陽翔の吃音の症状は落ち着いていました。たまに連発はみられるものの、吃音については全く気にすることなく、楽しくお話しながら過ごせていたと思います。

　ところが、2年生の秋、陽翔が授業中に「は、は、はい」と連発の症状を伴って話したことに対して、クラスのお友達が話し方をまねするという出来事がありました。

　陽翔は吃音を真似されたことが初めてで、とても悔しく、悲しかった思いから、「さっき僕のしゃべり方をまねした人は謝ってください！」と、皆の前で訴えたそうです。陽翔自身に吃音に対してマイナスイメージがあったと

52 「きつおんはぼくのしゃべりかた」

したら、「僕のしゃべり方がおかしいんだ。恥ずかしい。どもらないように気を付けよう……」と、どんどん吃音が悪化した可能性があると思います。

でも、小さいころから周囲の人達に「あ、あ、あってなっても良いんだよ」と言われながら育ってきた陽翔は、「自分は悪くない！」と、堂々としたものでした。その姿を見て、「私達がやってきたことは間違っていなかった、ちゃんと陽翔に伝わっていた」と、悲しい気持ちよりも嬉しい気持ちになりました。

そして、担任の先生は、「陽翔君の吃音は最近落ち着いていたけど、この機会にクラスのお友達に吃音のことを知ってもらった方がいいね」と提案してくださったのです。陽翔に、「お友達が吃音のことを知らないだけだから、教えてあげようね」と声を掛けたところ、「うん、そうだね！」と前向きな返事をくれました。

早速、学校で「作戦会議」が開かれ、「吃音の授業」を行ってもらうことになりました。まず、担任の先生に「キラキラ」を読んで頂き、吃音について知って頂くことにしました。

陽翔は、自分の思いを作文に書きました。

「(吃音を) まねしたりわらわれたりするととてもかなしいきもちになります。わらわれるとうれしいハートがわれて、たのしいことやうれしいことがハートからでてしまいます。あ、あ、あ、となってしまうのはぼくのしゃべりかたです」

陽翔らしい文章だなぁと思う反面、２年生でもしっかり伝えたいことが言えていることに驚きました。

私も、新一君のお母さんの様に、クラスメートのお友達に宛ててお手紙を

書きました。「キラキラ」を参考にしながら、あ、あ、あ、となるのはドキ
ドキしたり緊張するから、早口で言おうとするからではないこと、どうして
「あ、あ、あ」となるか原因がわからないことを説明し、「あ、あ、あ、とな
るのは陽翔の話し方だからそのまま最後までお話を聞いてあげてください」
と書きました。

　陽翔は話が下手なわけでも、話すことが苦手なわけでもありません。

　「キラキラ」にも書かれていますが、先生に授業をして頂くにあたり「個性」
の話は必要ないこと、「人の嫌がることをしない、言わない」と伝えるので
はなく、吃音の原因や関わり方、「こうしてあげると良いよ」という応援の
仕方に重点を置いてお話頂けるようにお願いをしました。

　陽翔が通級している、ことばの教室の中澤先生にもお願いしたところ、「陽
翔さんが言葉のことで困ったことや、苦しいことがあったら一緒に考えたり、
沢山楽しくお話できる為に応援している場所です」というお手紙を書いてく
ださいました。

　陽翔は、吃音授業の当日をとても楽しみにしていました。緊張はしたよう
ですが、クラスのお友達の前で堂々と作文を読んだそうです。このことは、
陽翔にとってまた一つ大きな自信になりました。そしてクラスのお友達が
知ってくれたことで、これまで以上に安心してどもれる環境ができたのです。

　担任の先生は授業を通じて「教員でも吃音について知識がないことが多い
のです。「キラキラ」は子ども達と一緒に勉強できる教科書の様な存在ですね。
２年生でもしっかり伝わるということ、早い時期から伝えることは必要です
ね」と言ってくださいました。

　吃音授業の後、陽翔は、「自分で、あ、あ、あってなるのはこうなんだよっ

て言ってよかったです。ドキドキしたけど、みんながだいじょうぶって言ってくれたから、スムーズに読めました。みなさんのおかげでたすかりました」と感想を書きました。クラスのお友達が書いてくれた感想からも「きつ音があったらわらわないでさいごまで話をきいてあげることです」と、しっかりと伝わったことが感じられました。

そしてなんと、子ども達への吃音授業にとどまらず、担任の先生のご配慮で、学校の職員会議でも吃音について勉強会をして頂けることになりました。約40名の先生方に吃音の正しい知識が広がりました。

私自身も校長先生や教頭先生とお会いする機会を頂きました。先生方から、

・吃音について勉強したいと思うが、なかなか正しい知識までたどり着かない
・吃音は良い環境を作ることが大切である
・陽翔や私、ことばの教室の先生からの手紙を読んで、吃音について大切なことがよく分かった
・周りにいつでも相談できる専門家がいることはとても心強いことだと思う
・教員は「(吃音を)なんとかしてあげたい」という思いがあるが、必ずしも「治そう」とするのではないこと。親が「どもっていいんだよ」とそのままを受け入れるということに衝撃を受けた
・これからも吃音について勉強していきたい

などのご意見、ご感想を頂きました。教頭先生がお持ちの「キラキラ」の本

には、先生が大切だと感じてくださった部分に付箋を付けてくださったとお聞きしました。先生方の「吃音を理解しよう、分かろう」としてくださっている姿勢に感動し、吃音のある子どもを持つ母親として、心から感謝の気持ちで一杯になりました。

そして、このように先生方に吃音の理解が広がってきた中で、子ども達だけでなく、その保護者の方々にも吃音について知ってもらうことが必要であると考えました。クラスで吃音の授業を行ってもらったことを受け、母親である私の立場から、クラスの保護者の方々に向けてお手紙を書きました。その後の懇談会で保護者の方から「お手紙を読んで吃音について初めて知った。親も知っていることは大切だと思うし、知ることができて良かった」というご意見をいただきました。

今後はさらにクラス替えの前に、学年全体へ吃音の授業を行ってもらう予定になっています。

4．「キラキラ」の物語は続く……

陽翔は２年生にして、自分の吃音にしっかり向き合うことができました。

小さい頃から吃音についてオープンに話し合い、周りの理解をすすめてきたことで吃音に向き合えているんだということ、それにより、吃音をマイナスなことと思わず、「そのままでいいんだ。どもっていてもいいんだ」と、安心して過ごせてきたこと、そして、それにより吃音の症状が悪化することを防げてきたのだとあらためて実感しました。

家庭でどんなに環境調整を行っていても、子どもが長い時間を過ごす幼稚

園、保育園、小学校の先生方、子ども達に関わる祖父母、その他周囲の人達が正しい知識を持って関わってくれなければ、吃音は悪化してしまう可能性があります。逆に、適切な対応をしてもらえることで、重くなりかけている吃音の症状を、軽減させ、楽に話せる状態に引き戻してあげることもできるかもしれないのです。

　そう考えた時、私達が吃音についてただ吃音の知識を伝えるだけでなく、どう伝えるか？　それによって相手の心を動かせるか？　ということがとても大切です。「キラキラ」から学んだことを実践しながら、これからも吃音の理解を広げる活動を、少しずつ、コツコツと継続していきたいと思います。

　私達家族の物語は続きます。
　これからも"「キラキラ」を胸に"ゆっくりと、そして丁寧に歩んでいきたいと思います。

堀内 美加

専業主婦、「きつつきの会」代表
年齢：30代
好きな言葉：笑う門には福来る

「キラキラ」が背中を押してくれた

　「キラキラ」との出会いは、娘が年少の時に東御(とうみ)市民病院に受診を始めて餅田先生に勧めていただいたことがきっかけです。

　娘が吃音になったのは私のせいだ、と自分を責め続け、悩みの真っ只中での出会いでした。娘に吃音があることを気付かせてはいけない、触れてはいけないと思って接してきた私は餅田先生が娘に初めて会った日に、「ああああってなることある？」「話しにくいことあるかな」など吃音についてストレートに聞いている様子をみて、こんなふうに聞いていいんだと、とても強い衝撃を受けたことを今でも鮮明に覚えています。

　この経験のあとに「キラキラ」を読んだのですが、当時の私は、途中で読むのをやめてしまおうかと思ったほど、とても怖くなってしまいました。その頃は、娘の吃音は保育園の間に治っていってほしいという気持ちが強く、小学生になっても娘に吃音があることを想像したくなかったからだと思います。娘が主人公の新一のように、悩むことになってほしくないと強く思ったからです。「娘の吃音は治るんだからこれは娘とは関係ない話」と思い込も

うとしていました。しかし、餅田先生から、病院の外来の受診は、吃音を治すのが目的ではなく、吃音とうまくつきあっていく関わりの仕方を考えていく場所だとお聞きし、もう一度読み返してみました。すると、新一の状況を娘に置き換えて読むので、「娘がもしこうなったら……ああなったらどうしよう……」などとさらに不安が増しました。でも、そう思いながらも、保育園へ「キラキラ」を２冊寄付し、先生方もぜひ読んでくださいとお願いしました。

　保育園では、娘がお友達にしゃべり方をマネされたり指摘されたりすることが出てきました。私は、先生にクラスのみんなに吃音のことを話してほしいとお願いしましたが、まだ早いとのことで、指摘してくるお友達だけに先生から個人的にお話をしていただくことになりました。それでもまだ指摘してくるお友達がいたため、「キラキラ」の中の新一のお母さんの手紙を参考に、そのお友達に、娘の母親である私から簡単な言葉を使ったお願いの手紙を書きました。そして、その手紙をその子のお母さんに渡し、お母さんからその子に読んでもらいました。

　すると、それからはそのお友達から指摘されることはピタッとなくなったのです。それだけではなく実は、後でわかったことなのですが、私からの手紙を自分のお母さんから読み聞かせてもらったそのお友達は、娘が他の子から吃音のことを指摘されると、かばってくれるようになったそうです。その話を聞き、何て素晴らしいことなんだ、こんなに小さいうちからしっかりと理解することができるのだと感心しました。

　保育園の担任の先生には、ことあるごとに吃音があるのはうちの娘だけではなく、他にもたくさんいるはずだとお話をしました。「続編キラキラ」の

中で、

わが子のことを理解してほしいんだという話しに終始しないことです。つまり、吃音を学ぶ学習の機会として考えてもらえないだろうかという提案をしていくことです。
（『続編キラキラ』P.120）

この部分を引用させてもらって、保育園の先生にお願いする時に、娘以外にもこの先、吃音のある人に出会うことがあるから、その時に正しい知識があったら適切に接することができること、吃音でなくても他に何か不自由なことがある人と出会った時にも優しく接することのできる人になっていってもらえる機会になるのではないか、だから先生にも理解を深めてもらって、クラスの子どもたち全員にお話をしてもらいたいことを伝えました。
　そして先生にお話をみんなにしてもらう時に大事なこととして「続編キラキラ」の中の、

「どうする？　先生からみんなに話してもらおうか？」と親が子どもに問わないことです。（中略）皆に知ってもらうということでプラスの経験ができれば大きな自信になります。（中略）「先生に任せといて。きっと皆分かってくれるから。そして、今までよりもっと仲良くなれるから。だから信じて！」ぐらいの引っ張りで先生から子どもに伝えてあげてほしいんです。
（『続編キラキラ』P.127 ～ 128）

この部分も先生にお伝えしました。

先生にお伝えしてもらう内容については、「続編キラキラ」の中の、

年長から小学低学年ぐらいの子どもを想定して話していきますね。
お友達の中にね、お話をするとき、アアアあのね、とか、セセセ先生、み
たいに、言葉の最初を繰り返して言ってしまう人がいます。これってわざ
とそんなふうに言っているんじゃないんです。ドキドキしたり、緊張する
からそうなるんではないんです。早口で言おうとするからでもありません。
お口とか、舌の動かし方がおかしいからではありません。皆さんと同じで
す。きちんと考えないでお話しするからでもありません。勝手になってし
まうんです。「さあ、今からお話しするぞ」というときや「いまからこれ
を言わないと」っていうときによけいになってしまいます。

（『続編キラキラ』P.122 〜 123）

　この部分を参考にしていただくことにしました。さらに、「キラキラ」を
読んだある幼稚園の先生が年長のクラスの子どもたちに話した内容も、例と
して紹介させていただきました。そしてついに、担任の先生にお話していた
だくことができました。
　子どもたちは、ちゃんと理解してくれたようで、娘に向かって「そうだっ
たんだ！」というような感想を話したそうです。娘自身は、話してもらった
ことでとても安心したのか、今まで以上に保育園でたくさんお話をするよう
になったと担任の先生からお聞きしました。本人に感想を聞いたところ、「話
してもらってとてもうれしかった」と話してくれました。その後、餅田先生
のところに行った時に、「みんな知ってくれているから大丈夫！」と話して

いることを聞き、みんなに伝えていくことの重要性、吃音のことをオープンにしていくことの必要性を改めて強く感じました。

2016年の春、大阪で開催された「吃音のある子どもを持つ親の座談会」に、長野の吃音のある子どもの保護者の方々が「キラキラ」を読んだ感想を堅田先生にあてて書いたお手紙を持って参加しました。のちに、このお手紙を集め、堅田先生からもメッセージをいただいて、冊子『キラキラを胸に』が作られました。これがきっかけとなり、この年の秋には長野に堅田先生、大阪の「吃音親子の会」のお母さんたちにお越しいただき、長野での座談会を開催することができました。そしてこの座談会に参加した保護者の感想を中心とした『キラキラを胸に2』という冊子が誕生しました。この冊子は、保護者をはじめ、教育機関、相談機関にも配布し、多くの方々に読んでいただいています。

このような流れの中で、のちに「きつつきの会」という親の会を立ち上げようと準備する段階に入ることができました。

成長し、就学を控える時期になった頃の娘は、餅田先生に「小学校に行ってお友達にお話のしかたのこと言われたらどうする？」と聞かれると、「私のしゃべり方はこういうしゃべり方だからマネしないでと言うから大丈夫」と答えるようになっていました。とても驚きましたが、娘だけではなく母親である私自身も、「キラキラ」を初めて読んだ時は怖いと思っていたのに、この頃には吃音はオープンにすることが大事、理解してもらえるように伝えていくことが大事と、「キラキラ」の内容がとても身近に感じられるようになっていました。

小学校に入学する前には、教頭先生と特別支援教育コーディネーターの先

生を訪ね、家族でお願いに行く際に「キラキラ」を寄付させていただきました。なんと、特別支援教育コーディネーターの先生はすでに「キラキラ」をお読みになったことがあるとおっしゃっていました。この時に私は、「キラキラ」の中の、

> 「『絶対笑うな』『最後まで聞け』っていうのは命令みたいで、なんか不自然で変な感じがするなあ」「『人がいやがることはやめなさい』は言えるが、それがすべてではないということですな。やはり吃音をあるていど知ってもらう必要がありそうですな」　　　　　　　（『キラキラ』P.88 ～ 89）

　これを参考にして、「最初にみんなにお話をしてもらっても、その後でもからかったり、マネしたり、どうして？ と聞いてくる子がいると思います。そういう子を注意したり怒ったりするのではなく、吃音はこういうしゃべり方なんだと説明してほしいんです」と伝えました。怒られるから言ってはいけないのだとその子が思ってしまったら、本来伝えたい吃音についての理解ではなくなってしまいます。そこは時間をかけて、丁寧に、こちらの思いが伝わるように説明させていただきました。

　小学校の先生にも、子どもたちにお伝えしていただく時の内容として、保育園の時と同じことをお願いしました。娘は、入学後すぐ先生から話していただいたことで、とても安心して「みんな知ってくれているから」と言って楽しく小学校に通うことができています。

　小学校入学後、初めての参観日の学級 PTA の時に、クラスの保護者の方の前で、餅田先生に書いてもらった娘の吃音についての説明とお願いの手紙

をお配りして、私自身が娘の吃音についてお話をしました。そして、その時に、「クラスだけではなく、学年の皆さんにもお手紙も配布してほしい」とお願いしましたが、「まだ早いのでは？　お母さんはどうしてそんなにみんなに伝えることを急ぐのですか？」と学年主任の先生に聞かれました。私は「続編キラキラ」の中の、

吃音に触れさせない、知らせないという態度の裏側には、吃音はマイナスなもの、できればそっとしておいて気付かれない方がいい、大したことではない、といった見方で、何の吟味をすることもなくただただ慣習に追随しているだけのような気がします。　　　　　（『続編キラキラ』P.126）

　この部分を参考にして、「大人は吃音に対してマイナスのイメージがあるかもしれないが、子どもにとっては、先生から教えてもらう情報が、"その子にとっての最初の吃音の知識"になるので、決してマイナスにはならない。だから、早くから正しい知識を教えてあげることが大事。何か起こってからではなくて、何も起こっていない今、伝えてほしいのです」とお願いしました。
　すると学年主任の先生はとても納得した様子で、「子どもたちの最初の知識になるので、早い時期に伝えることが大事ということだったのですね」と理解してくださったのです。こういったことを、一母親である私が、自分だけで考えて学校の先生にうまく伝えることはとても難しいことです。「キラキラ」がまた私を助けてくれた瞬間でした。
　その後、学年全体の子どもたちに吃音のお話をしていただくこと、そして学年全体の保護者の方に餅田先生からのお手紙と親としての思いを学年便り

と一緒に配布していただくことが決まりました。その話し合いをしている中で、学年主任の先生が「吃音は個性として受け止めていこう」とお話をされました。この時私は、学年主任の先生には先生なりのお考えがあるのだろうと思いながらも、「続編キラキラ」の中で、新一が書いている、

> 人によっては「個性」という言葉を聞いて、吃音をかんちがいしてしまうかもしれないと思ったからです。吃音もひとりの個性と言ってしまうと「話すのが苦手」ととらえられてしまう可能性があります。運動ができない人できる人、勉強ができない人できる人など一人ひとり得意なこと不得意なことがあります。それは一人ひとりの個性です。しかし吃音は個性とは少し違うと思います。確かに吃音を持っている人と持っていない人とは違いがあります。しかしぼくらは話すのが苦手でもなく、緊張しているからどもっているわけでもありません。ただ普段の話し方がこのしゃべり方になるだけです。だからぼくは「個性」というよりは「これが自分なんだ」と言った方がいいと思いました。　　　　　　　　（『続編キラキラ』P.94）

　これを参考にして、吃音は個性であると伝えてしまうと、吃音がある人は緊張しやすい、お話するのが苦手なのかと誤解されてしまう可能性があるかもしれない、できれば個性という言葉を使わずに吃音のことを説明してほしい、とお願いしました。
　そして、娘の小学校の校長先生はご自身で「キラキラ」を購入して、ご自分なりに吃音について勉強をしてくださり、職員会議で吃音のことを他の先生方にも伝えてくださいました。

さまざまな場面で「キラキラ」を活用させていただいています。

私の住んでいる長野県上田市でも、自分のできることを少しずつできればと、吃音についての理解を広める活動を始めました。長野県内唯一の言語聴覚士養成校で教員をされている金子先生と一緒に、市役所や教育委員会に出かけていき、吃音について話を聞いていただきました。「キラキラ」が教えてくれたことを大切に、ただ、吃音について知ってほしいと訴えるだけではなく、相手の気持ちを動かせるように伝えることを心がけました。

この言語聴覚士養成校で、吃音のある子どもを持つ親として吃音の授業の中で学生さんたちにお話をさせてもらう機会がありました。授業という場で学生さんたちにお話するのは緊張しましたが、私は「キラキラ」の中のことばを胸に臨みました。

いくら知識があっても、その人が吃音をどのようにとらえているかということが重要な気がするんです。つまり、吃音をあまり知らなくても、どもる人がホッとできるような聞き手、元気にさせてくれる人っているはずです。真の理解者といったらいいのでしょうか。反対にいくら知識があってもそうならない方もいるでしょう。　　　　　　（『キラキラ』P.81 〜 82）

将来、言語聴覚士になって社会に出た時に、たとえ吃音を専門としていなくても、相談に来た方に対して、「私は、専門でないので」と門前払いするのではなく、まず聞いてあげてほしい、何かできることはないか一緒に考えてほしい、そして専門の相談機関を紹介してほしいことをお伝えしました。吃音で困っている方が多いにもかかわらず、相談窓口（専門家）が圧倒的に

少ないこともお伝えし、相談に来る方の気持ちに寄り添える言語聴覚士さんになってくださいと、当事者の立場からお願いしました。授業の後に学生さんが書いてくださった感想には、「吃音を専門としていなくてもきちんとお話を聞こうと思う」、「吃音のことを専門にやっていきたい」ということばがあり、吃音のある子どもを持つ親として私が伝えたかったことが届いたのだな、とうれしく思いました。

　「きつつきの会」という吃音のある子どもを持つ親の会で、会を紹介するポスターを作成したのですが、そのポスターは、青い背景に黄色い文字で「きつつきの会」という名称がデザインされていて、まるで「キラキラ」の表紙とリンクしているようなものを作成させてもらいました。私たち親子の吃音理解・吃音啓発は、「キラキラ」から始まり、「キラキラ」によって広がり、そして、「キラキラ」にたくさん助けられながら、今も「キラキラ」と共に歩んでいます。まさに、「キラキラ」へのリスペクトが表れているデザインとなっています。

　今思えば、初めて「キラキラ」を読んだ４年前には、まさか自分がこんな気持ちになってこんな活動をすることになるとは想像もつきませんでした。今では、もうすぐ小学２年生になる娘に「キラキラ」を読み聞かせするまでになりました。私自身が「キラキラ」に成長させてもらっていると感じる日々です。

　今後も「キラキラ」を活用させていただく場面は多いと思います。たくさんの方に読んでいただき、頭だけでわかった気持ちになるのではなく、「そうだったんだ！」「もっと吃音のことを知りたい！」と、心から思ってくれる方が増えることを願っています。

堀内 慎也

塗装会社経営
年齢：30代
好きな言葉：雲外に蒼天あり

「キラキラ」が教えてくれたこと

　小学1年生の娘に吃音があります。
　まず感じたのは、この本「キラキラ」はフィクションなのに、ノンフィクションのように思えた、ということです。「新一君」を娘に、「ひげ先生」を娘が通っている病院の言語聴覚士の先生に置き換えて考え、感情移入して何度も泣きそうになりながら読みました。
　「続編キラキラ」には、これから将来娘に起こりうるであろう出来事が描かれていて、正直不安にもなりました。果たして、娘が新一君のように自分の吃音のことをしっかり理解し、受け止め、周囲の人たちに話すことができるのか。親として新一君のお母さんのように動いていけるのか。幸い、現在の我が家では妻が動いてくれていますが、父親としての立場で、自分も動いていかなければと思いました。
　「キラキラ」「続編キラキラ」には、新一君のお父さんはあまり登場せず、父親としての視点は描かれていませんでした。お父さんは新一君の吃音についてどう感じていたのか、奥さんが学校にお話しに行ったり、クラスのみん

68 「キラキラ」が教えてくれたこと

なにお手紙を書いたり、座談会に出かけたりする活動をどのように思っていたのか、とても気になりました。

新一君のお父さんは単身赴任で週末に帰宅するとのことですが、私自身も平日は子どもたちの世話を妻に任せきりなので、週末に娘と接することが多い生活を送っています。吃音のある娘への関わり方として、最後まで「待って」話しを聞くこと、他の人が話しかけてきても途中で話しを遮らないことを心掛けて話を聞いています。これまでも妻が行ってきた活動をサポートしてきたつもりではありますが、今後もさらに自分のできることをしながら、全面的に支えていきたいと考えています。

世間では吃音のことを理解していない人が多いので、悪気なく、純粋に「どうしてそんなしゃべり方なの？」と不思議に思って聞いたり、「ゆっくり、落ち着いて」と間違った助言をしてしまったりすることがあります。そうではないということ、では吃音の人にどのように接していったらよいのかということが、「キラキラ」では難しい言葉を使わずに、登場人物の気持ちが描かれているので、多くの人に読んでほしいと思います。

娘は運よく、身近なところでひげ先生のような先生に相談に乗ってもらうことができました。しかし、そういった先生のような人が近くにいない人、いたとしても相談に行く機会がない人もいると思います。また、「吃音は小さい子どもの間だけのものだからそのうち治るでしょ」程度に考え、真剣に関わらず放置している親もたくさんいると思います。本当は、子どもがSOSを出す前に、まず親が吃音について理解して、よい環境を作ってあげること

が重要だと思います。「キラキラ」は、不安で悩んでいる親御さんや、吃音の子どもを担当していて、吃音について知りたいと思っている学校の先生だけではなく、まだ子どもの困り感や悩みに気付けておらず、深刻に受け止めていない親御さんや先生に、吃音のある子どもが、もしかしたら大人の知らないところで困ったり悩んだりしているかもしれないことに気が付いてもらえるきっかけになると思います。

　娘もこれから、新一君と同じような問題に直面していくと思います。できればそうならずにすむように、親として事前にできることはしておきたいとは思いますが、年齢が上がるにつれ親の目の届かないところで問題も起きてくると思います。そんな時に自分自身で対処できるよう、娘にも自分の吃音について知っていってほしいです。

　我が家では、言語聴覚士の先生の助言を受けて、また、「キラキラ」をお手本にしてきたこともあって、娘が幼い頃から吃音についてオープンに話してきました。なので、娘は自分の話し方についてマイナスだとは思っていないようです。正しい知識を専門家に教えていただいたことと、その結果としての親の関わり方が大きいと実感しています。

　お恥ずかしながら、この原稿依頼があって「キラキラ」「続編キラキラ」をあらためてちゃんと読みました。言語聴覚士の先生のところへ娘がお世話になってすぐに勧められた本で、妻にも読むように言われていたのですが、今までこんなにしっかり読んだことがありませんでした。娘が発吃してから

４年が経ちます。あらためて読んでみると、この４年で私が知り得た知識がこの二冊にすべて入っていました。妻がこの本を保育園や小学校に寄付し、ことあるごとにこの本の中の話をしていたことが、本当の意味でようやくわかりました。

「続編キラキラ」は、小学生よりももう少し年齢が上の子どもや、その周囲の方の参考書になると思います。特に学校の先生たちに読んでほしいと思います。ただ通り一遍に読むだけではなく、一度読んで終わりにせずに、それを出発点として、吃音について関心を持ち、もっと知りたい、勉強したいと思ってほしいです。

吃音のことを正しく理解していない先生たちは、これまで吃音のある子に対してどう接してきたのでしょうか。今もどう接しているのでしょうか。間違った対応をして吃音のある子を傷つけたり、悲しませたりしていないでしょうか。その子たちは大きくなってどうなっているのでしょうか。私自身が子どもの頃にも吃音のある子はいたはずですが、吃音について理解がある人は今以上にもっと少なかったと思います。その子たちはその時どういう思いで過ごしていたのだろう。そして大人になってどうなっているのだろう。「キラキラ」を読んで心配になりました。

以前私は妻と共に、吃音の当事者である医師の講演会を聞きに行ったことがあります。その講演会の後の質問の時間に、60代ぐらいの言友会の方が、「自分には吃音があるので障がい者手帳がほしい」とおっしゃっていて、正

直なところ、私は大きな衝撃を受けました。その方にとっては、吃音があることでそんなにも生きにくい社会だったのだなと考えると、とても悲しくなりました。その方に幼い頃から吃音の正しい知識（相談窓口）があれば、周りの人たちにも吃音への理解があれば、それほどまでに困ることにはならなかったのではないかと感じてしまいました。吃音とはこのような話し方なのだと、話し方のひとつだと捉えられる世の中になっていけば、悩んだり傷ついたり、逆に傷つけてしまうこともなくなっていくと思います。そのためにもこの「キラキラ」、「続編キラキラ」を多くの方に読んでもらい、社会全体が吃音について考えるきっかけとなればと願います。

堀内 彩友

小学1年生
年齢：7歳
好きな言葉：夢をかなえる

キラキラをよんでおもったこと

　キラキラをよんで、しんいちが「あ、あ、あ……」ってなるところと、まねされたりするといやなきもちになるところが、わたしとおんなじだとおもいました。

　わたしもほいくえんで、たけうまをやっているとき、「み、み、みくちゃん」といったら、おとこのこがまねしました。いやなきもちだったから、「まねしないで」といいました。

　しんいちは、ふざけて「あああ……」っていってるんじゃないのに、きつおんのことをまねされたり、からかわれたりしていやだったとおもう。てつは、きつおんのことをしらないから、まねしたり、からかったりしたとおもう。しんいちがいちばんいやなことは、かわいそうというきもちでおもわれること。わたしもぜったいにかわいそうだとおもわれたくないです。

川ばた先生は、しんいちのきつおんのことが、まだあんまりわかってない
から、てつのことをちゅういしてくれなかった。川ばた先生がもっとわかっ
てくれていれば、しんいちはくるしまなかったとおもう。でも、川ばた先生
と、校ちょう先生と、きょうとう先生のところに、ひげ先生とおかあさんと、
さくせんかいぎにいって、「まねするんじゃない」とちゅういするだけじゃ、
みんながわからないから、おかあさんが手がみをかいて、川ばた先生によん
でもらうことができました。

　川ばた先生が、しんいちのおかあさんの手がみをよんでるとき、とちゅう
でなきそうになって、みんなにしらせてくれました。ほとんどの人が、手が
みをよんだあとわかってくれました。おかあさんは、じぶんのせいでしんい
ちはこんなふうになっちゃうのかなとかんがえこんだけど、ひげ先生がいた
から、じぶんのせいじゃないとわかってあんしんしたとおもう。

　しんいちもじぶんのことばでいえてよかった。てつとしんいちがなかよく
なってよかったです。

　わたしだったら、川ばた先生が、もしてつになんにもいってくれなかった
ら、じぶんでみさき先生にいって、それでもわかってくれなかったら、ママ
にいいます。みさき先生はちゃんとみんなに（吃音のことを）いってくれて
よかったです。わたしは、みさき先生がみんなにいってくれたとき、さいご
にしつもんしてくれて、でももうみさき先生がぜんぶいってくれたから、い
わなかった。すごくうれしかったです。

　ひげ先生は、「あいうえおとか、しゃべりかたのれんしゅうをしなくても

いいんだよ、それがじぶんのしゃべりかただから、そのままでいいんだよ」
といいました。
　わたしは、いいづらいなっておもうときがあるけど、いままでどおりにそのままでおしゃべりしていきたいです。
　わたしのしゃべりかたを、みんなにしってほしいです。

前川 令

上小圏域障害者総合支援センター事務局勤務
年齢：30代
好きな言葉：死ぬこと以外はかすり傷

キラキラを読んで、それから。

　私には2人の男の子がいます。長男の橙士（とうし9歳）が吃音を持っています。
　保育園の年中5歳のときに東御市民病院の言語聴覚士の餅田先生に出会えました。
　吃音外来に通う中で、餅田先生からの薦めで"キラキラ"を読みました。
　読み進めるにつれ、息子が小学校に上がったら、キラキラにあるようなことが起きてしまう"どうしよう"と思いました。
　先生に理解してもらうことの難しさ、友達からのからかい、どうしよう、どうしようと、ただただ焦りました。
　そして、いよいよ小学生になるときが来ました。
　餅田先生から、同じ小学校に通う予定の男の子が、吃音外来に来ているとお話を聞いていました。その方と"お話ができるといいな"という気持ちも持ちながら、小学校の入学式に挑みました。
　体育館から教室に移動し、椅子に座っている息子を確認してから、教室の

後ろに移動していると、着物姿のかわいらしいお母さんから"とうしくんのお母さんですか？Ａといいます"と声を掛けて頂きました。

　同じクラスに吃音を持つ子どものお母さんがいるなんて、なんと心強いことでしょうか。

　そして夏ごろには、もう一人吃音のお子さんがいて、そのお母さんＢさんも一緒に担任の先生へ、吃音を理解してもらえるよう働きかけをしました。

　担任の先生には、餅田先生からお電話をして頂いたり、本をお渡ししたり、家庭訪問の際にお話ししたりと働きかけました。

　しかし、理解して頂いている手ごたえがあまりありませんでした。

　キラキラの物語の中でもあるように「だいじょうぶですよ、元気ですから〜」という一説がありますが、まさにその通りです。

　初めての授業参観は、自分の名前と自分の好きな食べ物を画用紙に書いて、皆の前で発表するというものでした。

　それには"自分の名前だから言いやすい、好きな物なら言いやすいのではないか"という先生の気遣いが含まれていました。先生からこの言葉を聞いたとき、理解してもらうことの難しさを痛感しました。

　物語の中で、新一くんの担任の先生が「あわてて話すからどもるんだと思っていました。本読みや発表などをもっと練習して努力していけばどもらなくなるんだって〜」という一説があります。また、「どもるのは気持ちをしっかり持っていないからで、もっと自信を持つことだと勝手に考えていました」という文章にもあるように、吃音を知ったような気持ちで考えてしまうことで、傷つけてしまったり、困り感が増してしまうということが実際に起こりました。

その授業参観の時間、私は心臓をバクバクさせたまま終えました。

また、お友達からのからかいもありました。そのことからも担任の先生に吃音についてクラスでお話しをしてほしいと伝えました。

しかしそれが実現したのは1年も終るころでした。それでもそれはありがたいことで、良かったなという気持ちでした。

3年生になったときに担任の先生が変わりました。また吃音を理解してもらうよう働きかけのスタートです。

今回は、A4の紙1枚に"吃音とは"ということを箇条書きで書き、家庭訪問に来てくださったときに、短く説明をしました。

"ゆっくりねとか、あせらないでね、という声掛けはしないでください。本人は、あせっているわけでも、あわてているわけでもありません。ただ最後まで話を聞いてあげてください"と伝えました。

そのときに新しい担任の先生から、"また何かあったらお伝えしますね"と言われたので"吃音は安心して話せる環境が大事なんです、何かあってからでは、話せなくなることもあります。"と慌てて添えました。

少し心配は残りましたが、どうしても伝えたいことだけを伝えて家庭訪問は終わりました。

その後、しばらくして息子から"ここここ今度のせせせ先生いい!! さささ最後まで、話、聞いてくれる!!"と目をキラキラさせながら話してくれました。

私は、とにかくうれしくて、うれしくて、ニコニコしながら吃音全開の息子の話を聞きました。

またしばらくして、吃音全開の息子に"学校では吃音どうなの？"と聞きました。すると"あんまり出ないよ、気を付けてるから"と言っていました。

家ではとても吃音が強く聞き取れないことも多いです。なのに学校ではあまり出ないということは信じられませんでした。

　あるとき、授業参観の後に、担任の先生に吃音の様子を聞いてみました。すると"すっごく吃音ありますけど、いっぱいしゃべってくれますよ"ということでした。

　他のお友達からの情報でも"とうしくん、いっぱいつっかえてるよ"というのです。

　吃音が出せる、本人も気がついてないほど、吃音が出せる環境がそこにはありました。

　息子に吃音について、どう思っているのか聞きました。

　"頭で思っていることを、口から出そうとすると違っちゃうんだよ。頭と口は別なの"

　"吃音がある人もいれば、ない人もいる"

　"吃音があるけど、言いたいことは言えてる"

　"吃音があると、お母さんに「いっぱい伝えたいことがある」ってことがわかっていい"

　物語の中にひげ先生が「落ち着いていようが、ゆっくり話そうが、どもる人はどもってしまうのです。どもる人というか、その人の表現のしかたなのだと皆に知ってもらいたいのです」という一説があります。

　今、この環境が息子のクラスにはあります。

　たまにお友達とケンカしているときに、吃音をからかわれることもあるようです。それでも吃音が原因で学校に行きたくないと言ったことは一度もありません。

今日も吃音全開で、今日の出来事を私に伝えてきます。
　キラキラは物語になっているので、とても読みやすいです。担任の先生に読んでもらえることができれば、こちらの伝えたいことや、よくある誤解なども合わせて書かれているので、正しい理解として伝わるのではないでしょうか。
　そして、この原稿を書くにあたり、キラキラを読み返したのですが、息子がキラキラの本を見つけると、"がが学校のどどど読書の時間によーみたいから、もももも持ってっていーい？"と聞いてきました。"いーよ"と答えると、ランドセルに本を突っ込み、登校していきました。
　そして夕方帰ってから"はい、こここれ、ありがとっ"と返してくれたので"どうだった？ 読めた？"と聞くと、"ぉーお母さんって色々してくれてるんだねー"という感想でした。
　"そうだよ、かーちゃんは全力でやっとります"と答えると、ニコニコしていました。
　今日も吃音息子の話を全力で聞きます。

橙士：画

西沢 千春

製造業の開発担当
年齢：50代
好きな言葉：為せば成る

『キラキラ（続編）』を携えて

　中学生の息子は幼少期から吃音があり、現在は時折難発が見え隠れする状況にあります。『キラキラ』に出会ったのは息子が中学1年の秋口でした。主人公の新一と息子が重なることもあり、共感し一気に読み進めた記憶があります。

　息子が中学校に入学した際、担任の先生に息子が吃音であることを伝え、「おまかせください」と力強くお応えいただいたことがありました。ところがです。学校の先生は吃音についてある程度経験があり理解されているものと思い込んでいましたが、実際はそうではありませんでした。
　息子は苦労して吃音が目立たない様な努力をした結果、吃音であることを忘れられ、読みにくいセリフの音読に時間がかかったとき、辛い言葉を浴びせられたこともありました。「挙手もするし吃音は気にならない」と表面上の観察で「問題なし」と判断されていたふしもあります。
　更に「親御さんの考えすぎではないでしょうか」ともおっしゃられたこと

もありました。妻と共に自分達はモンスターペアレントと思われるかもしれないと怯えながら悩みました。これを解決してくれたのが言語聴覚士の先生と『キラキラ』でした。

言語聴覚士の先生の勧めもあり、『キラキラ』を学校の先生方に読んでいただくことにしました。この本には吃音のことはもちろん、保育士さんや学校の先生方に吃音の正しい知識を持っていただくための具体的な方法等が、登場人物によってリアルに描写されています。

そうだったのか、そういうことなんだと、次から次へと自分達の経験が裏付けされていく、そんなリアルな内容が満載です。なので我々が先生にお話しするよりも説得力があったのではないかと思っています。先生からは「目からウロコでした」とのお言葉をいただき、今では学校生活を良好に送れている様で、ひと安心と言ったところです。

息子は現在中学2年生です。やがて迎えるであろう高校進学等でも吃音に関する親の不安は尽きません。『キラキラ』にはこれから起きるであろうことと共に、その対処方法とヒントが記されています。悩んだ時には先ずこの本を開いてみます。きっとこれからも何度となく開かせていただきます。

この本は吃音を持つ本人及びその親だけでなく、保育士さんや学校の先生方にも是非読んでいただきたいと思います。吃音で悩む子供達が今よりずっとリラックスして生活できる様になることを願います。

植田 和枝

家業手伝い
年齢：40代
好きな言葉：努力に勝る天才なし

『キラキラ』とのこれから

「かわいそうってなんかいやや」
「かわいそうって別にかわいそうってちがうもん、どもるからかわいそうってそんなんいやや」

　これは『キラキラ』の中での、小学生の新一の言葉です。
　これが自分であって、マイナスだと思っていないのに、まわりにそう決められたとしたら……。
　それは何か違う。吃音の事を理解はしてほしいけれど、方向性を間違えてほしくない。上手く話す事を頑張ろうとすると、吃音を持っているのに頑張っていてすごいと思われる事も同じで、やっぱり何か違う……。
　中学生になった新一がクラスの代表に選ばれた作文を自分で読まなかったのも、きっと上手く読む事が目的でなく、その奥にある思いをわかってほしかったからだと思います。
　しかし、これは子どもの頃から自分の吃音と向かい合ってこれたから、ま

わりにもきちんと伝えたいと思うようになったんだと思います。

　私には吃音があります。
　大人になるにつれ上手くコントロールする事を覚え、吃音を持ちながら過ごしています。
　しかし、子どもの頃を振り返ってみると、自分の吃音に対して前向きに向き合ってきたかというと、そうではありませんでした。

「出来ればまわりに気づかれずにいきたい」

　今よりももっと吃音に対して理解のない時代で、説明してもわかってもらえないと思ったり、何よりも私自身きちんとした知識がなく大人になったので、上手く説明出来なかったのかもしれません。
　吃音に関する書籍や情報がほとんどなかったのも、その理由のひとつでした。あの時の自分が『キラキラ』に出会えていたら……。

　そんな私に転機が訪れたのは、息子に吃音が見られた頃でした。自分の子どもの頃を思い出し、胸が締め付けられる思いに涙を流した日が幾日もありました。
　どうすれば少しでも楽に過ごしていけるだろうか、まず私が一番の理解者になろうと思いました。私自身吃音に対して向き合う日々のはじまりです。『キラキラ』に出会ったのもこの時でした。
　『キラキラ』の中には今まで医学書のほんの片隅にしかなかった一方通行

の情報と違い、情景が思い出され苦しくなる場面がいくつもありました。しかしその先には共に生きていこうとする力強さがありました。『キラキラ』に出会ってからは、困難に出会いながらもその度に一緒に考え、まわりの人に支えられながら息子と二人三脚で過ごしてきたように思います。

　時は経ち、思春期を迎えます。母としてはいくつになっても心配は変わりませんが、私自身今までのようにいつも関わっていていいのか迷い始めたのもこの時期でした。

　「もう大丈夫やから」という言葉の裏に「出来れば吃音の事はスルーしてほしい」との思いが見え隠れしていました。私がそうであったように、それは成長でもあり、少し後退でもあったり……。

　その事で今まで積み重ねてきた事が崩れた事もあったりで、すべてが上手くいったわけではありませんでした。しかし、それは自分の力で越えていこうとするはじまりのようにも思えました。

　大学生になった今、会話の中で吃音の話題はほとんど出ません。それは決して吃音の事を忘れているわけではないと思います。吃音の事だけにとらわれず、自分のやるべき事を見つけていってるのだと思います。

　そんな中、接客業のアルバイトに挑戦する事になりました。面接のその場をなんとか切り抜ける事を考えるのでなく、自分の事を理解してもらって長く続けたいという思いから、面接で吃音の事を告げたと後から聞きました。久しぶりの息子との吃音の話題に少しうれしくもあり、自分の力で歩んでいる姿に頼もしさを感じました。

結果、採用が決まり一カ月が経とうとした頃、

「やめようかな……」

　はじめは人数が少なく、忙しすぎる事を理由にしていましたが、少しずつ胸の内を明かしてくれました。このタイミングでこの言葉を言わないといけないというマニュアル的な場面、そこにはスピードも必要とされる。
　上手く言えるかどうかばかりが気になり、他の仕事が追い付かなくなる……。「自分にはしんどいのかも……」少し自信をなくしているように見えました。

　社会人の父、接客アルバイト経験者の大学生の姉、そして同じ吃音のある母での四人の家族会議のはじまりです。
　「初めから上手くいく人はいないのでは？」「慣れればリズムで言えるようになるよ」「他の仕事をしてみるのもいいけれど……」と色々な意見が出ました。次は話す事の少ないアルバイト先を探す事を考えている自分、でもここでそれを選びたくない自分。
　葛藤があったと思います。
　結果、相談したい事がありますと辞める事を言うつもりでアルバイト先の店長にメールを入れる事に。そうすると、折り返しすぐ電話がかかってきて……。
　「頑張っているのに、その事を理由に辞めるのはもったいないよ。みんなには自分から話すし、働きやすいように考えていこう。辞めるのはそれから

でもいいのでは……？」

　思いもよらない言葉だったようです。

　吃音のために出来ていない事があって、受け入れてもらえていないと思っていたのですから……。他の人からもまじめな仕事ぶりを認めてもらえていたと聞き、私は吃音の奥にある息子を見てもらっていた事にうれしく思いました。きっと息子自身も。

　「もっと早くに相談してもよかったのかも」さっきまでの顔と違う顔がそこにはありました。吃音を理由に自分からあきらめる事をしなくてもいいのでは？　と思えた出来事でした。

　聞けば、アルバイト先の他の支店には、他にも吃音の人がおられるということでした。吃音を持ちながら仕事をやりこなしていて、その人の存在に息子は助けられたかもしれません。

　子どもの頃の、吃音に対してのまわりの理解は必要です。しかし、大人になっていくと、まわりに求めるだけではなく、自分自身も勇気を出して前に進んでいかないといけなくなります。

　吃音を持っているのに、頑張っている……ではなく、吃音を持っていても出来ると、多くの人に思ってもらえることが、これからの私たちの求める理解なのかもしれません。

　100人に1人の割合でいるのです。

　次は私たちが誰かの力になれたら。

この事はこれからの息子の将来の中で、自分が思う不安はまわりも不安のままでなく、いつかプラスの方向へと繋がるということを教えてもらったと思

いました。

　またあと数年後には最大の関門と言っても過言ではない就職の時を迎えます。吃音のある自分に何が出来るのかを先に考えるのではなく、自分が本当にやりたい職業を見つけよう。それが見つかればそのための努力は決して苦ではなく、きっと出来るから。
　その道のりにはこれからも自分の吃音に向き合わないといけない時があるかもしれない。その時にどう取り組んでいけばいいかを考えよう。だから今は何にだって挑戦出来るという事を忘れないでいよう。

　こうして我が家の家族会議が終わりました。
　いくつになっても、困難にぶつかる事はなくならないかもしれません。きっとこれからも……。新しい事に挑戦しようとするたびに、まず乗り越えないといけない事に直面します。
　しかし、子どもの頃から少しずつ培ってきた「自分と向き合う事」が出来ていたら、何度ぶつかってもそのたびに乗り越える事が出来ると信じています。それでも、なかなか出口が見つからず心が折れそうな時にはそっと『キラキラ』を開こうと思います。
　自分の事を大切に思えるように──。

　吃音のために、自分の思いを上手く伝えられない時を悔しく思っても、まわりに勝手に決められてしまう事の悔しさはあってはならないと思います。そのためにも吃音に対しての理解がもっと社会に広がっていく事を願いま

す。今の私に何が出来るのか、私はこれからも私のまわりの教師を目指す人へ『キラキラ』をすすめていこうと思います。子どもの頃に自分と向き合い、自分を好きでいるには学校の先生の力が必要な時があり、その時に一番の味方でいてほしいと思っています。

　最後に、吃音に向き合ってきた多くの人は、決して特別に強かったからでなく、同じように不安と悩んだ時間があったと思います。でも、その悩んだ数と乗り越えた数が多ければ多いほど、自信を持って次の一歩への力になるという事、そのための今だという事をお伝え出来たらと思います。

稲田 都希代

産婦人科病院厨房勤務、「吃音親子の会」副代表
年齢：50代
好きな言葉：人間万事塞翁が馬

「キラキラ」を読んで

　我が家には、初版「キラキラ」の原稿のコピーが大事に置いてあります。その後、進呈と書かれた封筒に納められた正式に本になった「キラキラ」を頂戴し、その後も続編の「キラキラ」に至っては、我が家の三人の子どもたちの社会人や大学に合格した節目のお祝いにと見開きのページに温かなはなむけの言葉を添えてその度ごとに私に授けてくださいました。

　この本が、堅田先生にとって、どれほどの思いを込めて書かれてきたものかそこからも十分すぎるほどくみ取れるものがあります。

　私が「キラキラ」を初めて手にしたのは、まだ本になっていない原稿のコピーの状態の物を我が家の玄関先で堅田先生から渡されたのが始まりでした。

　ここまで読むと、「……？ どうして？」と思われる方が大半と思いますが、「事実は小説よりも奇なり」とでもいうのでしょうか……。

　その原稿を手にしたとき、当時吃音を持つ息子の大起は中学2年生だったと記憶しています。

90 「キラキラ」を読んで

　そこからずっとさかのぼって8年前に私たち家族は堅田先生と出会いました。正しくは先生としてではなく、ご近所の堅田さん一家のお父さんとして。

　私には三人の子どもがおり、長男が吃音を持っておりますが、その長男が6歳を過ぎたばかりの年長さんの夏休みに引っ越してきた先の斜め前のお家に堅田さん一家が数カ月前に先に越してこられていました。

　新しく建てられたお家ばかりの所で、子どもたちは皆年齢が近いこともあり、すぐに仲良くなり、小さいころは、本当によく色んなイベントを考えてご近所の何軒かの家族同士で楽しみました。

　勿論、堅田先生はしばらくして大起に吃音があることに気づいておられ、後にこんな不思議な巡り合わせがあるんだなと思っておられたと聞きましたが、当時の私と主人は子どもの話し方が時々どもったり、つっかえたりしながら話すものの、話好きでよくおしゃべりする明るい性格の大起の話し方を「むしろ可愛いね」と捉え深く悩んでいたわけではありませんでした。

　一度だけ3歳児健診の折にことばの発達の程度を聞かれ、「時々話すときに最初の言葉を連続して言ったりするのが気になる」と伝えたことがありましたが、そのときの保健師さんの言葉は、「ことばの出始めにはよく見られることで一気に沢山の言葉を覚え、言いたいことが沢山あるときにおこったりしますから、しばらく様子をみてみましょう」とのことでした。

　何も知らない無知な私たちはそのときの言葉に安心し、様子をみていればいいんだ。と言われた通りに何にもせず、まさしく放置してきていました。

　ですが、小学校に入学し国語の教科書に漢字が沢山出始めてきたころに、大起が本読みをしながら泣きだし「お母さん、ぼく漢字が読まれへんのとち

がうねん。言葉がここからでてけーへんねん！」と首元を押さえながら言いだしたことがありました。それまでにも、妹と言い争いになったとき、「おにいちゃん、何言うてるかわからへん」と言われたことが悔しくてケンカに発展していったり、学校での生活の中でもしんどい思いをして元気なく帰ってきていたのに、言えずにいたような時期でした。

　それまで、堅田先生が大阪市内の病院の先生であることぐらいしか知らなかったのですが、１年生の夏休みに堅田先生の長女の恵ちゃんが手に持っていたしおりが目に飛び込んできました。

　「吃音親子のサマーキャンプ」と書かれていたしおりに目が釘付けになり、恵ちゃんに、「そのしおりどうしたん？」って聞いたのがすべての始まりでした。

　すぐに堅田先生の奥様に詳しいことをお聞きし、大起が吃音児であることも先刻承知で「いつか遅くない時期に話してあげられるといいね」とその時期を待っていてくださっていたのです。

　まだ、三番目の子どもが小さくお昼寝をさせている時間を見計らって、主人と私は堅田先生から、吃音について初めて沢山のことを教えて頂きました。

　その日がまさしく吃音と向き合った日で、吃音を受け入れての子育てが始まった日です。その日の光景は今も目を瞑れば瞼に映し出されるほど鮮明に覚えています。それほど、衝撃を受け悲しい気持ちと申し訳ない気持ちとこれからの将来を考えたときの不安とで涙しながら、でも堅田さんがその吃音を専門にしている小児言語科の先生なんだ！　という安堵感で、胸が一杯になったことが今でも忘れられません。

　あの日が今の私たち親子の原点だったのです。

「学童期に入っても消えずに持ち越しているものは大人になっても治らないんです」

「大起くんにはなるべく早い時期に話してあげることが何より大事です。思春期に入り自己否定せずに難しい思春期を乗り越えて行けることに繋がるんです」

「原因が解明されていないから、治し方も確立されていない」と言われたときには、子どもがこんなに辛いしんどい思いをして毎日を過ごしているのに、そんな治らない……なんて残酷なことをこんなまだ小さい時期に話さないとあかんことなのか……ととても辛く悲しい思いで胸が張り裂けそうでした。

「親は何をしてあげれるのか?」と聞いたときに、堅田先生は「いっぱいありますよ。まず、吃音を受容して、お家ではどもってもいいんだよ! という環境を作ってあげること。いっぱいしゃべることができることが大事で、しゃべらなくなっていくのが一番良くないので」と言われました。そして、学校の先生にもお伝えしておくのがいいですね」と。

そこから、私は当時の吃音に関する本の中から、「学校担任の先生へ」というページを何年分もコピーし、中学3年生まで家庭訪問のときに担任の先生に渡して読んで頂けるようにお願いしてきました。

私が大起の学校生活を通じてしてきたことは、毎年担任の先生に対し、「先生は吃音をご存知ですか?」とお尋ねすることから始まり、たいていの先生は「いえ……、具体的には知らなくて」と言われるので、「この中に書いてあるのでお忙しいと思いますがご一読ください」と渡すのが精一杯でした。

「しゃべりにくかったり、聞き取りにくかったりすることがあるのですが、

特にそのことで配慮してほしいというわけではないですが、学校での様子や友達関係などで、気になることがあればご連絡ください」と一方的にお願いをしてきただけでした。

　特にクラスの皆さんの前で吃音について話をしたり、手紙を書いてという手段を使って、大起の学校生活の改善に何かアクションを起こしてこなかったのです。

　そして初めてお話を聞いて衝撃を受けたあの日から8年後に「キラキラ」を手にすることになるのです。初めて読ませて頂いたとき、登場する学校の名前が近隣の小学校の名前に似ているものですから、親子でくすくす笑ったりしながら読み進めたのですが場面場面のイメージが浮かべやすく、新一くんや容子さんの気持ちに感情移入してしまい、涙なくしては読むことができなくて、本当にハンカチを片手に読みました。

　私は、新一くんの日常の生活の中での場面を自分の生活に重ねる一方で、自分がしてこなかった学校の校長先生、教頭先生、担任の先生を巻き込みながら、クラスのみんなに吃音を理解してもらおうと桑先生と一緒にどうすればいいかを考える作戦会議、容子さんが手紙を書き、その手紙を読む使命を与えられた担任の先生の吃音への誤解を謝罪し、教えてくれる機会を与えてくれたことを感謝するシーンから始まり、クラスのみんなに手紙を読んでいくシーン、そして、新一くん自身の思いを伝える場面が本当に感動的で大好きです。何度となく読み返しましたが毎回涙で読み進むのが困難なほどです。大起は何でもよく話してくれる子どもでしたが、やはり思春期に入る前の段階で難しい時期に入ったのか、5年生の後半から明らかに反抗期ととれる言動が増えイライラしているのが見てとれました。

「キラキラ」を読んで初めてあのときの大起の気持ちもこんなだったのかなあ……とすでに通り過ぎた時代を振り返るしかできないままに、「キラキラ」の新一くんの学校生活を大起に重ね合わせて沢山の思いを共感できました。桑先生との出会いが新一くんと容子さんにとって心の支えになる出会いであったなら、大起にとっても私にとっても堅田先生は桑先生のような存在であったと思います。

普段は、近所のおじさん。でも何かいつも困ったことが起こったときに相談に乗って貰える頼もしいおじさん。子どものころの大起はそう思って何も気を張ることもなく自然な感じでお話させてもらってきて、きっと成人になって看護師として働くようになった今はどれほど有難い出会いであったかと、実感しているのではないでしょうか。

初めて「キラキラ」を手にしたときすでに大起は中学生でしたが、妹弟の通っている小学校の図書館に置いて頂くようにお願いし、中学校では、担任の先生や他の教科の先生にも読んで頂けたらと数冊持っていきました。

それから、７年後に待望の「続編 キラキラ 少年新一の成長記」を手にすることができました。

そこには、中学校に入学し思春期に入った新一くんが、吃音を受け入れながら部活動を通じ得意のバスケットボールで生き生き活躍する姿や、友情を育む姿が描かれていて、とても嬉しい思いで読むことができました。

また、桑先生との交流を通し、体の成長だけでなく心の成長の部分をしっかりと捉えて頂いていることで、とても温かくほのぼのとした空気感で読むことができ、これから思春期に入る子どもさんを持つ親にとっては、見えにくい子どもの心の中を垣間見ることができ、少し安堵の思いでその時期を迎

えることができるのではないかなと思っています。

　そして何より、「続編キラキラ」では、吃音についてもっと深く掘り下げて考える場面を沢山盛り込んで頂いているのと、場面場面での対処の仕方や、ヒントが沢山散りばめられていることに感激します。

　私はご縁あって、堅田先生が主催する親の座談会に出席していた流れから、吃音親子の会のスタッフとして活動させて頂いています。私が一人の親として参加させて頂いていたころと大きく変わってきているのは、母親の中にちらほら父親が混じっていた座談会がずっと続いていたのですが、いつの間にか父親が積極的に参加してくださるようになり、そこに幼稚園の先生が加わって座談会が行われるようになってきたころから、小学校の先生や、直接担任の先生が来てくださるケースもずいぶん増えてきたことです。またこれから言語聴覚士や学校の先生を目指そうとしている学生の姿もあります。

　それは、きっとこの「キラキラ」を学校に持っていき先生にご一読頂くように働きかけたお母さんの努力であったり、この「キラキラ」を手にすることができた人たちが「もっと詳しく話を聞いてみたい」と思って頂いたり、「もっと勉強してみたい」と思うようなきっかけづくりにこの本が大きな役割を担ってきてくれているのだと思います。ここ数年の座談会を見ていて感じることですが、この本の及ぼす影響は全国に広がりを見せ、沢山の都道府県で教育関係者の方や、専門家の先生方を交えた座談会や講演会が行われるようになってきています。

　一昔前では考えられなかったことが、現実に起きてきています。

　この「キラキラ」が閉ざされていた明日への扉の鍵になってくれているように思うのです。

本の内容に心を揺さぶられこのように教育関係の先生方や、子どもと触れ合う機会の多い職種の方が参加し、吃音の正しい理解と知識を学んで頂けることで、子どものころから吃音を意識せず普通に話せる社会になれば、今も吃音に苦しんでいるどれだけの人たちが救われるでしょうか。

　誤解、無知からくる偏見や差別に苦しまず、自分らしく生きていける社会になりますように。

　もっともっと、この本が沢山の方の手に渡り、ご一読頂き、心揺さぶられる体験をして頂きたいです。

　初版「キラキラ」の最後の章に記されている「夢」のように。

　新一くんの見た夢がいつかこの現実の社会で、どもってしゃべることを誰も何もおかしいと感じなくなる世の中になるのが、これからの壮大な親としての夢でもあります。

　この本が吃音の当事者や親にとって、また教育関係者にとってのバイブルとなりますように。

　私たち親子の堅田先生との出会いは本当に稀なケースです。

　この出会いが後に吃音を通じ沢山の親子に出会う度ごとに、私たち親子がどれほど恵まれて有難い出会いをさせて頂いているのかということもひしひしと感じて今まで生きてきました。

　沢山の深い悩みの中に埋もれている方たちの一筋の光になるように、このあとの新一くんの成長を楽しみに私もまた、変わらず啓発活動の小さな担い手として頑張っていけたらと思っています。

K.M.

会社の事務員
年齢：50代
好きな言葉：置かれた場所で咲きなさい

吃音親子の二人三脚

あの頃

　私の娘は現在18歳です。吃音は3歳2カ月から始まり、保育園の年長児の時には知的な遅れもわかりました。娘に最初に吃音症状が出た時は、私も吃音があるので（遺伝したのでは……）との思いに駆られ、独りになると数日間は涙が止まりませんでした。同時に、（私も吃音があるのだから、娘の気持ちはきっとわかってあげられるはず）と思いました。

　偶然、大阪市立総合医療センターに吃音を診てもらえる小児言語科があると知り、年長児の時に堅田先生の所を訪ねました。

クラスの保護者に吃音を知ってもらう

　小学校に上がる頃には娘の吃音症状は重くなっており、軽い吃音症状の私とは全く違い、（娘の気持ちはきっとわかるはず）と思っていた事は見事に打ち砕かれました。この頃はまだ『キラキラ』の本は出版されておらず、ひたすら堅田先生からのアドバイスに従って、担任の先生に吃音についてや、

かかわり方などをお伝えしていました。

　1年生が終わり、2年生の初めのクラス懇談会で、保護者に吃音を理解してもらえるように、吃音の何をどの様に伝えるか、堅田先生と相談の上、私がみんなの前で発表しました。その時には、①吃音は100人に1人の割合で発症する　②世界中で研究されているがはっきりとした原因は見つかっておらず、こうしたら治るという治療法もない　③子どもさんが家で娘の吃音の話をした時には、「かわいそうだからそれには触れないで」と言わずに、①、②の事実を伝えて欲しい。みんなを笑わせようと思って話しているのではなく、話し方の癖のようなもの　この3点のみを話しました。帰り際には、「良いお話を聞かせて頂いて有難うございました」と声をかけて頂いたり、電話を頂いたりと、何人かには伝わったかなと思いました。

クラスのみんなに吃音を知ってもらう

　娘の明るく人懐っこい性格と、小規模校だった為、ひとクラスで楽しい小学校生活を過ごしました。クラスメートにはあえて吃音に関して私からは話した事はなかったのですが、4年生の担任の先生に「クラスメートにきっちりと吃音の事を説明した方がいいのでは」と言われました。その担任の先生がとても障害に理解があったので、話してみようと思いました。早速、堅田先生に相談し、NHKのドキュメンタリーで吃音をもった教師が自らの吃音をテーマに授業をする番組があったので、その映像をクラスメートに見てもらい、吃音に関する基礎知識を担任からも話してもらいました。終わりには、堅田先生のアドバイスにより、生徒一人ひとりから、一口感想を書いてもらいました。その感想には「どもっても友達だし、これからもずっと友達」「ど

もっているのはわかりませんでした」「どもってかわいそう」等色々あり、こちらも子ども達の色々な気持ちがわかり、とても良かったと思えました。それと同時に、ある程度の年齢になると、周りの子ども達にもきちんと説明した方がいいと思いました。

　小学校生活は、音読、発表の際にはずっと一緒に育っているクラスメートに手伝ってもらいながら、楽しく過ごす事ができました。

　その頃には、『キラキラ』の本が出版されており、担任の先生に読んで頂けるようにお願いしました。あと、学校の図書室に置いてもらえないかと校長先生に頼みましたが、娘の事だと個人が特定されてしまい、いじめやからかいに繋がってはいけないとの理由で断られました。

　校長先生の言い分もわかりますが、吃音をみんなにわかってもらえるチャンスだったのに、私もそれ以上の事は言えず、残念な思いをしました。

卒業式

　卒業式は、卒業生がひとりずつ舞台に立って、中学校生活に向けての抱負を発表する決意表明というものがあります。吃音のある人にとっては、とても重荷な事です。難発の娘にはとてもできる事ではなく、この時にも堅田先生に相談しました。娘もそうですが、吃音のある人は誰かと一緒に言えば言いやすくなります。一緒に言うのなら発表できる。そこで、話したい内容を事前に録音し、それをイヤホンで聞きながら発表するというアイデアを堅田先生から頂きました。どうしたものかと困っていた学校にも許可をもらい、試してみたところ、すらすらと発表できたので、どもっている娘しか見た事がない先生や周りのみんなが驚いたそうです。卒業式には、堂々と発表する

娘の姿を見る事ができてとても嬉しかったです。

中学から高校

　中学生になると、他の小学校からも新入生が入学し、授業は教科ごとに先生が変わり、全く新しい環境になりました。今まで同様、吃音の事は担任の先生にはお伝えしてきましたが、生徒も思春期になり、知的な遅れがある娘にとっては吃音よりも、みんなと同じペースでできない事が増え、多感な女子の会話について行けず、それに伴い色んなからかいを受けるようになり、クラスでの居場所を見つけられませんでした。

　小学生の時に仲が良かった友達も離れていき、辛かったと思います。その中でも、娘の事を理解してくれている数名の子ども達がいつでも声をかけてくれていたのが救いでした。『キラキラ』の新一君も体験したように、中学校生活は環境が大きく変わり本当に大変でした。

　高校は支援学校に入学しました。そこでは、娘がやりたかった事の1つである生徒会に立候補しました。以前、小学校の卒業式で録音したテープを聞きながら発表したやり方を使って、全校生徒の前で演説をしました。結果は落選しましたが、娘にとってとても良い経験になったと思います。

　支援学校では『キラキラ』の本を先生方に読んでもらい、クラスにも置いてもらえるように頼んでみたところ、快く置いて頂き、読書ができる友達は読んでくれていたようです。

　クラスメート達も毎日の生活で、娘が発表する際には小声で一緒に言ってくれて、上手く娘を助けてくれました。

　支援学校には就労に向けての校外実習があり、実習先で1週間を過ごさ

なければなりません。仕事をするので、『報告・連絡・相談』をする必要があり、娘にとってはかなり大変な事なので、学校と相談の上、口頭で伝えるのはもちろんの事、どうしても言えなければ、メモに書いて見せる方法をとりました。

　後日、実習の様子を聞いてみると、メモは一切使わず、一生懸命に口頭で伝えようとしていたそうです。「本当に逞しく成長したなぁ」と思ったのですが、とても頑張ってしまう娘なので、「どうしても言えない時にはメモを使ってもいいんだよ」と話しました。何故かと言うと、話す事ばかりに気を取られ、仕事をする事よりも、話す事が中心になってしまうという、本末転倒な気がしたからです。社会に出るにあたり、口頭とメモ使いを上手く併用できればと思います。

保護者の集い

　『キラキラ』を読んで頂いた先生方に、吃音のある子どもを持つ親の集い「吃音座談会」のお知らせをしたところ、担任の先生と、支援学校で地域の学校からの障害に関する相談窓口を担当されている先生も参加してくださいました。相談窓口の先生によると、「吃音の相談も多くて、自分には知識がないのでいい加減な事も言えず、困っていたところでした」との事でした。実際、座談会に出席されて、吃音のある子どもを持つ保護者からの現在の学校生活の悩み、また、吃音のある子どもからの、将来彼氏、彼女ができるのかという不安を聞き、子ども達の悩みがずっと先に及んでいる事に改めて驚かれていました。

ふりかえって

　娘の高校生活は吃音を理解しようとして頂いた先生方、友達に出会え、今までで一番楽しい学校生活を送る事ができました。今は就労に向けて訓練しています。そこでも、1分間スピーチ、作業場所の確認など、みんなの前で話す事はたくさんあるようです。訓練スタッフの方々にも、娘の吃音のフォローのやり方を伝え、吃音への理解を深めて頂いています。

　現在の娘は相変わらず難発の吃音で、「治る薬できへんかなぁ〜」やら、「もう仕方ないわ〜」やら、色んな気持ちを言ってくれていますが、こんなに明るく積極的で前向きな娘に育ったのは、堅田先生をはじめとする色んな方々の支援があったからだと思います。吃音のある私から見ても、こんなにどもってもお喋り好きで、物おじせず話す娘を凄いと尊敬しています。

これから

　今、改めて『キラキラ』の本を読み返して、今まで同じ様な場面がたくさんあったなと思い出します。私は堅田先生にその都度相談し、たくさんのアドバイスをもらい本当に助けてもらったので、この『キラキラ』の本が吃音のある子どもの親や吃音のある人にかかわる人達のバイブルとして、また吃音のある人の心の拠り所として広く読まれたらと思います。そして、もっと楽に生きられる世の中になるように、みなさんに吃音の理解を深めて頂ける本になればと思います。

松下 真生

セラピスト
年齢：30代
好きな言葉：強く、美しく、生きる勇気

「心を傾ける。～キラキラを読んで気づいたこと～」

「お母さん、キラキラって読んだことありますか？とてもすてきな本なんですよ。」
　そう教えてくれたのは、息子がお世話になっている東御(とうみ)市民病院の餅田亜希子先生でした。
　息子の新（あらた・小4）は、当時年長児。餅田先生から吃音のことを教えてもらうようになり、「吃音のことをもっと知りたい。」と思いました。
　その頃に教えてもらったのが、『キラキラ』です。
　『キラキラ』の中で特に私が心を動かされた場面があるので、ご紹介したいと思います。

キラキラ6章、「お母さんにインタビュー」のシーン
　私にとって特に印象深いのは、6章の"お母さんにインタビュー"の中のワンシーンです。

やっぱりお母さんが忙しくしているからとか、新ちゃんのお話ちゃんと聞いてあげられてないからだとか、「早く」とか「急いで」ってよく言ってたでしょ、それがよくなかったのかなって。

新一君のお母さんが語る言葉の一つひとつが痛いほど胸に刺さり、涙が出ました。新一君のお母さんの言葉が、当時の私の心境そのものだったからです。

大事な人の悲しみや苦しみを知らないでいるよりも知っておく方がいい。それはとてもつらいことかもしれないけれど、でも、それはとても大切なことのように思える。

このシーンを読んで、「母親なんだから子どもに弱いところ見せちゃいけない」と思っている私がいることに気づかされました。

"私が悲しみや苦しみを見せなかったら？ 果たして息子は、悲しみや苦しみを私に見せることが出来るのだろうか?" そんなふうに思ったら、いたたまれないような気持ちが込み上げてきました。そんな気づきを通して、私は息子からの日々のインタビューに、少しずつですが、素直に答えられるようになっていったように思います。

キラキラ8章、「久しぶりのことばの教室」のシーン

私が普段息子に言葉の様子をたずねると、「困ってないよ」と言うことが多いです。でも時々、「吃音がなかったら……」なんて呟いたりもします。

そんなとき、私はこのシーンを思い出します。
それは、8章の"久しぶりのことばの教室"の中のワンシーンです。

「最近どう?」
ひげ先生がポツリと聞いてくれた。
〜「僕、ちょっとしんどいねん。」

しまいこんでいたものを一気にはきだした新一君の様子や、ひげ先生が新一君に心を寄せて、いっしょに泣いて! 正直な姿勢で向き合う姿。何度読み返しても心を打たれます。

"本人の気持ちは、本人にしかわからない"と決めつけてしまわないで、"お互いを知ろう"と歩み寄ることの大切さを『キラキラ』に教えてもらいました。
きっとこの先、息子が辛い気持ちを味わうこともあるでしょう。
そんなときには親子で『キラキラ』をお守りにして、お互いに"インタビュー"をし合ってみようと思います。

これからも『キラキラ』を多くの人が手にとって、「吃音」に出会い、知りたいと感じ、正しく知って、心を傾けていただけますように。心から願っています。

106 ありがとうの気持ちを忘れずに

齋藤 慶子

介護福祉士
年齢：30代
好きな言葉：ありがとう

ありがとうの気持ちを忘れずに

　私は小学2年生の息子を持つ母です。
　息子には2歳の頃より吃音がありました。吃音という言葉も知らず、成長のうちの1つだと思っていました。
　しかし、保育園へ入園する頃には、無くなるどころか増えていきました。何が原因なのか、何かストレスなのか？ 怒りすぎているのか？ どうすればよいのか、色々と悩み、担任の先生と相談しながら様子を見ていました。
　そして年中の秋、言葉が出ない程、苦しくなってしまい「もうヤダ！ しゃべれない！」と怒鳴り、話すのを止めてしまったのです。その時、事態が切迫していることに気付き、今まで何も行動しなかったことを後悔し、息子に申し訳ない気持ちでいっぱいになりました。
　そのすぐ後、ことばの外来を紹介していただき受診に至りました。
　餅田先生がまず話してくれたことは「大智君は、どもってもいいんだよ。それが大智君のしゃべり方だから、ボ、ボ、ボ、ボク……ってなっても、そのままどんどんしゃべった方がいいんだよ」でした。先生にどもってもいい

と言われたことで息子は何かスッキリしたように、その日からどもりながらも気にせずに話すようになりました。

そこでまず読むように勧められたのが「キラキラ」でした。泣きながら読んだのを覚えています。

正直、餅田先生に出会えたことで、吃音を治してもらえると、私の中に希望が生まれていました。なので、本を読み進めるうちに決定的な治療法がないと知り、落胆しました。

しかし、本を読み終えると、それまでもやもやしていた何かから抜け出せた感じもありました。息子とどう向き合っていけば良いのか、私に道を開いてくれたようでした。

息子が１年生になり、クラスの保護者の方に吃音についてお話しさせてもらいました。

その後のことです。「それは話さないといけないことなのか、気付いていない子もいるのだから、敢えて気付かせることはしなくてもいいのでは？」という意見をいただきました。そんな反応があるとは、思ってもいなかったので驚き、それに対してうまく説明できなかった自分が情けなく、私の努力不足と自信が持てずにいたことを反省しました。理解を得ることは、本当に難しいです。しかし、そのような率直な意見を言っていただけることも有難いことだと思いました。次に繋げる課題をいただいたような、そんな気もしました。

そんな時に「キラキラ」を読み返しました。また吃音児を持つ保護者の方に話を聞いてもらいました。

108 ありがとうの気持ちを忘れずに

　それらは、私の力となり、勇気が持てるような、私を後押ししてくれる大切な存在となってくれています。

　ある時、「僕の吃音はパパが死んだせいなんだ」と息子が言いました。父親は息子が3歳になってすぐ病気で亡くなりました。

　息子に吃音は父親のせいだと話したことはありませんが、父親の死というあまりに大きな出来事が何らかの影響を与えているのではないかと思っていたことは事実です。

　その間違いを正すべく、餅田先生の提案で勉強会を行いました。

　新一君のように息子が私にインタビューをしたり、吃音のことを○×クイズ形式で勉強しました。

　また「キラキラ」も勧められ、息子に毎晩、読み聞かせました。

　時に涙している場面もありました。感想を聞いてもはっきり答えてくれませんでしたが、息子なりに思うところはあったようです。

　息子は今、学校で沢山手を挙げて発言したり、みんな知っていてくれるから大丈夫！ と安心して学校生活を送っているようです。

　周りの方が知っていてくれることが、こんなにも心強いのだと実感し、感謝しています。

　これから先、息子に何が待っているのか不安はあります。

　もし、何かにつまずいた時には、「キラキラ」や周りの方々の助けをお借りしながら、母として全力でサポートしていきたいと思います。

　そして、1人でも多くの方に吃音を知ってもらえるよう、努めていきたいと思います。

齋藤 大智

小学2年生
年齢：8歳
好きな言葉：勝利の法則

キラキラを読んで思ったこと

　ぼくは小学2年生です。3さいの時からきつ音があります。
　ぼくのおとうさんは、3さいのおたんじょう日のすぐ後にびょうきでしんでしまいました。
　どもることはおとうさんがしんだせいかなと思っていました。
　だけど、もち田先生が、「それがげんいんではない」と教えてくれました。
　ぼくはキラキラを読みました。
　1つ思ったことがあります。
　しんいちくんはぼくと同じなんだなと思いました。
　あと、まねされてることが、ぼくと同じだったのでいやだなと思いました。
　きつ音がなくなればいいと思います。
　ぼくは、きつ音をみんなにしってもらいたいです。
　キラキラは、どもる人じゃない人でも読める本です。この本を読んでくれた人がきつ音のことをしってもらえるからキラキラを作ってくれてありがとうございました。

110 「キラキラ」はどもる子どもの道しるべ

おばた ゆりこ

主婦
年齢：あと、数年で還暦
好きな言葉：地に足をつけて生きること

「キラキラ」はどもる子どもの道しるべ

　久しぶりに家の本棚から『キラキラどもる子どものものがたり』の初版本を開くと、堅田先生から、息子へ、「今、できることを大切に！」2007年3月4日のコメントと共にサインを見つけました。
　息子も20歳を過ぎ、先生がこの本をしたためられてから、はや、10年が経とうとしています。
　「キラキラ」の本は今もなお、どもる子どもにとっては自分の気持ちをわかってもらえるバイブルです。その吃音のある子どもさんが「キラキラ」の著者の堅田先生に会いたくて、思いが通じてその夢が叶ったのが、昨年9月の長野でのサプライズでした。私もその感動の場面に居合わせてもらえたことはうれしい限りでした。
　それほど、吃音のある子どもたちや親にとっての悩みはつきないし、吃音にどのように向き合っていくか、周りの人たちや先生、友だちにどのように伝えていくか、どう対処していくかをいつも試行錯誤しています。
　そんな時に「キラキラ」は子どもたちにもわかりやすく書かれていて、助

けにもなってくれます。それが、今でも再版をされながら読み続けられてい
る所以だと思います。

　この本はどもる子どもたちに場面、場面からさまざまなことを伝えていま
す。

　例えば、担任の先生がどもる子どもにどもった時には「教えて」とか「ど
うしたらいいか」尋ねてほしいといっています。

　ことばの教室でのひげ先生がどもることは「悪いことではない」「仕方な
いこと」でどもりながらもたくさんの話をすることが大切であるといってい
ます。

　お母さんと医療センターの村井先生とのやりとりでは「どもるのはお母さ
んのせいじゃない」ときっぱりといっています。

　どもることは当たり前でかわいそうだと思うことはひどくて、失礼なこと
で、そういうふうに思うのは自然なことだけれども、できたらかわいそうと
思わないでほしい。さらに友だちにかわいそうやと言われて、助けてもらっ
たとしても傷つく。等など、私は改めて「キラキラ」を読み返し、どもる子
どもたちへの気持ちをひげ先生や村井先生を通じて、吃音に向き合い、寄り
添うことを思い起こすことができました。

　人は同じ話し方ではなく、みんなちがっていいことも……。

　さらに場面が進み、子どもたちに「どもってもいいかな」という気持ちが
芽生え、ひげ先生がどもるからほんとの気持ちを話さないでいたらちょっと
残念である。言いかえでもいいから話す。話すことは楽しいと思ってほしい。
という気持ちが伝わり子どもたちの背中を押すことになります。

　それから、新一とお母さんは吃音のことを周りの人たちにわかってもらお

うと学校へ赴き、校長先生や担任の先生に話をして作戦を考えました。話し合いの上、お母さんに吃音のことを手紙に書いてもらい、担任の先生にクラスのみんなの前で読んでもらう作戦になりました。

「キラキラ」はそんな勇気も与えてくれます。だから、この本に出会えたことがこれからも色んなことがあるかもしれないけれども、心の糧となり力になり、道しるべになってくれることでしょう。

最後の場面、新一と哲が逆転する夢のお話は相手の気持ちになって、理解し、考えて思いやるという大切なことをどもることに限らずに教えてくれています。

そして、これからもこの本がたくさんのどもる子どもたちや親、どもる子どもたちに関わるすべての方々に届いて広まり、吃音への理解が深まり、どもる子どもたちが生きやすい世の中になっていくことを切に願っています。

私の家族は主人と長男と三男が吃音です。

三人の吃音への向き合い方もその時代背景もあり、それぞれ三様でさまざまです。主人や長男の頃は「キラキラ」の本はありませんでした。

ある意味、幼い頃に吃音のことをわかってもらえる「キラキラ」の本に出会えたことは恵まれてて、素晴らしいことでしょうが。世間では吃音は話さなかったら、わからないし、まだまだ、そうすることにも苛立ちを感じながらもそれぞれにたくさんの思いを抱えて、吃音とともに歩んできて生きてきた人たちがいます。

「人は同じ話し方ではなく、みんなちがっていいことも……」の本文のよ

うに吃音への向き合い方もそれぞれであるように……。
　そして、人生はまだまだ長く、成長とともに吃音へ対する思いや悩みや抱え方もそれぞれで。

　海の底みたいに奥深いことを少し先を行く者として記しておきます。

Y.M.

薬剤師
年齢：40代
好きな言葉：勝つことよりも負けないことが大事

吃音への理解を求めて − 自分にも出来たこと −

　息子が3歳から小学4年生まで総合医療センターで堅田先生にお世話になりました。「キラキラ」は文字数や文体からいうと、すぐに読めてしまう本なのに一気に読めませんでした。読みながらいろんな思いが交錯して、つらくなり読めなかったのです。

　私は自分が吃音だからといって話す事を避けるのは嫌だと、ずっと思ってきました。しかし、どうしても無理だと思った時は逃げていました。自分の子どもが吃音だとわかってからは、逃げたくないという思いが強くなりました。子どもに「そのままの話し方でいいよ」と言ってきたからです。

　子どもが小学生の時は出来るだけ役員を引き受けてきました。子供会、PTA役員、クラス役員などです。仕事との両立で大変な時もありましたが、自宅以外での子どもの様子がよくわかるし、周りに吃音の事を説明出来る機会が増えると思ったからです。

115

　私がPTA役員の書記をしていたのは息子が5年生の時です。4年生の終わりに「次期PTA役員様へ」というお知らせが来ました。4月のPTA総会での役割が書いてありました。書記の役割は年間計画の発表です。決まった文章があり、それを読むという事でした。

　一概に吃音者は音読が苦手だとはかぎりません。いろんなタイプがあります。私は音読が苦手なので、これは大変だと思いました。

　そこで、PTA担当の先生に話をするために小学校へ行きました。年配の女性の先生でした。「大勢の人の前で緊張するのはわかりますが、短い文章です。読むだけですよ」と言われました。

　そこで、吃音の基本的な事を伝え、緊張するからではない事。吃音にはいろんなタイプがあり、私は音読が特に苦手な事。波があり、ひどく読めない時もあれば、そうでもない時もある事。（人にもよりますが）タ行、カ行など出にくい音があり、音読だとその言葉が出ないと先に進めない事。しかし、だからといって他の人に代わってもらいたいのではない。自分でやりたい。うちの子を含めて吃音のある人すべてが、話をする場面を避けたいと思っているわけではないという事を丁寧に説明しました。

　すると「今みたいに話してくだされば良いですよ。スラスラ話せていますよ」と言われてしまいました。あれ？　伝わっていないのかな？　と思いましたが、決まった文章を読むのではなく、自分の言葉で話してもよいか？　との提案は受け入れられました。「読むだけの方が楽なのに」という顔をされていましたが、子ども達の中にも吃音の子はいるはずなので、もっと理解してもらえるように頑張らなければと思いました。

　経験が長い先生だから、吃音の子にもたくさん接しているはずなのに、正

しく理解をする機会がなかったのだなと思いました。今回は良いチャンスととらえて、理解の輪を広げようと思いました。

　年間計画の発表はそれをすべて読み上げるわけではありませんが、どうしても言い換えがきかない言葉もあります。これから1年間の心構えと、次に集まる第1回目の役員会の日時、場所を伝えるのです。

　結果は、なんとか言えました。読むのが苦手なので、話す事を暗記して何も見ない状態で、聞いている人を見渡しながら話をしました。それがかえって思いがあると思われたのか「すごく良かった」と言ってもらえました。途中つっかえた言葉はありましたが、言っている内容が伝われば良いと開き直っていたので、自分では気になりませんでした。もし、言えなくなってしまったら、これこそ吃音の理解を広げるために利用しようと思っていました。

　この出来事は、なんとか言えた事が良かったのではありません。事前に先生に伝える事が出来た事が良かったと思っています。私が子どもの時には、どもると親が悲しそうな顔をしたり、ゆっくり話をするようにと何度も言われました。ゆっくり話をしてもどもるので、どうしたら良いのかわかりませんでした。小学5年生で保健委員をしていた時に虫歯予防の放送劇をしたのですが、保健の先生が決めた私のセリフがすごく少なく、苦手な音読でどもらずに読めた時は先生や親がとても喜びました。そういう経験から、どもる自分はダメだと感じ、吃音があると話をする仕事には就けない、社会に出るのが不安だと思っていました。吃音の知識がなかったので、治るのか治らな

いのかもわからないし、嫌な思いをしても、周囲にどう説明したらいいのか
わかりませんでした。「吃音があるからこうして欲しい」という事が出来な
かったのです。

　文頭にも書きましたが、私達親子は小学4年生の時に、総合医療センター
の通院が終了しました。「キラキラ」を読んだのは小学5年生の時。さらに
「続編キラキラ」は、息子が高校の時には出版されていたのですが、それを
知らなくて高校卒業後に読みました。だから高校生になった時、学校に吃音
の事を伝えた方が良いことを知らず、大きくなったのだから、あとは自分で
やれるだろうと考え学校には伝えませんでした。読めば読むほど、「キラキ
ラ」も「続編キラキラ」ももっと早く、息子がもっと小さい時に読みたかっ
た。できれば私が子どもの時に読みたかった。私が子どもの時に親や学校の
先生に読んで欲しかった！と、強く思いました。
　それでも息子は小さい時に総合医療センターに通い、堅田先生や自分以外
の吃音を持つ子にも出会っていました。私が子どもの時より吃音の理解ある
環境で育っていると思います。だから私が「続編キラキラを読んだら、こん
な事が書いてある。高校生になっても先生に言わないといけなかった。ごめ
んね」と謝った時「大丈夫やで、そんな言うほど困っていなかったで！」と
言ってくれました。

　親には言いにくいこともあり真意はわかりませんが、今は社会人として元
気に頑張っています。

吉田 雅代

カスタマーセンター勤務
年齢：50代
好きな言葉：「ありがとう」「一歩一歩」

「キラキラ」とともに – 今までの歩み、そして未来へ –

　私には3人の息子がいますが、大学に入学したばかりの次男は、話し始めた頃から吃音です。
　「キラキラ」との出会いは、思い起こせば11年前、まだ次男が小学2年生の頃のことでした。
　次男は小学校入学時から6年間、言語聴覚士のM先生から言語指導を受けていました。
　常に私たち親子に寄り添ってくださった一番の理解者であるM先生からの紹介で、「キラキラ」を手にしたあの日のことは、今でも昨日のことのように鮮明に覚えています。
　M先生の病院には車で通っていたのですが、家に着くまでの時間が待ちきれず、信号待ちで止まる度に、食い入るように文字を目で追いページをめくりました。
　新一くんと次男が、そして新一くんのお母さんと自分が重なって、どうにも耐えられなくなり、車内でしゃくりあげ号泣してしまいました。周りから

見たらとてもおかしな光景だったと思いますが、「キラキラ」を読んで、自分でも気づかないうちにずっと心の奥底にためていた、抑えつけていた何かが、一気に溢れ出してしまったのです。

でも、どうして……？

確かにM先生と出会う前の私は、吃音の知識もなく、ひたすら次男の吃音は自分のせいだと悩んでいました。当時お世話になっていた言語聴覚士の先生にもうまく伝えられず、不安だらけの中、孤独に苦しんでいました。

けれどもM先生には次男の吃音に関しての悩みや思い、自分の胸のうちをすべて話していましたし、十分に受け止め、理解していただいていたので、自分ひとりで抱え込んでいたわけではありません。気持ちのうえでも満たされていたのです。

それなのにどうして？？

うまく表現できないのですが、私たちと同じ立場である、新一くんと新一くんのお母さんの言葉が、行動が、思いが、自分たちと重なっただけではなく、「キラキラ」を通じて、「みんな同じようなことを経験しているよ。思いは一緒。無理することも強がることもないんだよ。そのままでいいんだよ」と言ってもらえたような気がして、それまで無意識のうちに気を張っていたのが、一気に緩んでしまったのかもしれません。温かく包み込まれたような不思議な感覚でした。

M先生にもよく言われていましたが、「親子で吃音のことを話せる環境があれば大丈夫」「子どもを想う気持ちがあれば何があっても大丈夫」「ありのままでいい」ということを再認識した瞬間でもありました。

私も、次男のことを「かわいそう」と言われるのが一番つらかったです。

「かわいそうな子」だと同情されたり、特別扱いされることもいやでした。

　義父母から「この子は吃音で本当にかわいそうだ」と言われる度に、「かわいそうな子なんかじゃありません！」と、涙をこらえながら心の中で叫んでいました。

　自分自身に、そういう気持ちがなかったといえば嘘になるかもしれません。

　ただ、「吃音だからかわいそう」なのではなく、「吃音のことでつらい思いをすることがかわいそう」という気持ちでした。

　次男は小学校低学年の頃から、学校や習い事、塾……と色々な場所で吃音のことをからかわれたり、真似されたりしてきました。家で泣くことも多かったのですが、そんな姿を見ているのは、胸が張り裂けるほど苦しかったです。代わってやりたくてもできないのですから……。

　私は母親として、この子のために一体何ができるのだろう？

　どもって話すことが特別視されなければ、当たり前のことだと思ってもらえれば、もっと生活しやすくなるのではないか？　そのためにはどうしたらいいのだろう？

　いつもそんなことばかり考えていました。

　子どもたちは、なんの悪意もなく、思ったことをそのまま言葉にしてしまったりします。

　自分と違った話し方をする次男を見ると、つい面白がって真似したり、「どうしてそんな話し方をするの？」と何度も何度も問いかけます。知らなければ仕方のないことです。

　けれどもそれは次男にしたら、本当につらいことです。近くにいる学校や習い事の先生、コーチたちも、吃音をわかっていなければ、「真似をしたり、

からかったりしてはいけません」「人の嫌がることをしてはいけません」と言うことしかできません。それでは何も伝わりません。何も変わりません。ましてや周りにいる大人たちの誤った知識や、吃音は練習すれば治る、緊張しなければ、ストレスを与えなければすらすら話せる、などの思い込みによって対応されたのでは、ますます本人は苦しい思いを抱えることになります。

　普段からM先生には、環境調整や学校への対応などについて相談し、アドバイスをいただいていましたが、「キラキラ」にもそのヒントが沢山散りばめられていました。

　とにかく周りの人たちに吃音を知ってもらいたい、少しでも正しく理解してもらいたいという思いはより一層強くなり、私は行動を開始しました。

　小学生のときにはクラス替えの度に、担任の先生に「キラキラ」を読んでいただいたうえで、クラス全員に次男の吃音について話していただきました。（どうやって話すか、次男はその場にいるかいないか、などについては、次男自身がM先生と作戦会議をして当日に備えました）

　保護者会では時間を作っていただき、私からクラスのお母さんたちに吃音の話をしてきました。

　学校には他の本や資料とともに「キラキラ」を寄付し（図書費で購入してくださったり、図書室、職員室に置いてくださった学校もありました）、次男と関わる先生方には目を通してくださるようお願いしました。

　「この本を読んでいただければ、息子と私の現状や思いをわかっていただけると思います」との言葉を添えて。

　細かく言葉で説明するよりも、ストレートに伝わったような気がします。

　次男が進学した小・中学校だけではなく、それぞれ違う学校に通っていた

122 「キラキラ」とともに

吃音ではない長男、三男の小・中学校へも同じように寄付したり、置いてもらったりしました。自分の息子だけではなく、100人に1人はいるという吃音の子どもたちのために、学校の先生方に理解して欲しいと思ったからです。

　幼い頃から本を読むのが大好きだった次男に「キラキラ」を渡すと、私同様、あっという間に読み終えてしまいました。やはり自分と新一くんが重なったようです。

　M先生のはからいで、当時小学3年生だった次男が書いた手紙（「キラキラ」を読んだ感想）は、著者の堅田先生のもとに届けられ、お返事もいただきました。

　次男はとても喜んで大切にしていましたが、1年ほど前、大阪で行われた「吃音の子どもをもつ親の座談会」に出席したときに、堅田先生から次男が送った手紙を渡されました。10年も前のものです。

　こんなにも長い間保管してくださっていたなんて、沢山の吃音の子どもたちの思いを一つひとつ大切に受け止められているのだと改めて感じ、私も本当に嬉しかったです。

　温かいひげ先生は、きっと堅田先生がモデルに違いありません。

「心の落ち着く場所は家です。」「『なんでそんなしゃべり方しかできないんだよ。』などと言われても、新一のように何も言いかえすことができません。どうしてできないのかぼくが知りたいです。」「でも、中にはぼくの気持ちをちゃんとわかってくれる人も沢山います。学校の先生、家の人、どもる人などがわかってくれます。」「ぼくも新一のようにどもって話していきた

いです。」「しゃべり方よりも、その内容が大切だとよくわかりました。」「これからはどもっても言いたいことは最後まできちんとしゃべりたいです。」「新一の思いとぼくの思いが同じで、とても気持ちがわかりました。」

　わかってくれる人がいればいい、ありのままを受け止めて欲しい、話し方を直すのではなく内容を聞いて欲しい、自分の言葉で伝えたい……。次男は手紙を通じて、自分の思いを堅田先生に伝えていたのです。新一くんが、ひげ先生に伝えていたように……。
　「続編キラキラ」は、M先生から、遠く離れた病院へ移られるときにプレゼントされました。
　中学3年生になっていた次男は、その頃は落ち着いていましたが、誰も知り合いのいない中学校に進学した夏休み前、吃音のことをからかっていたクラスメイトを突き飛ばしてトラブルになりました。小学生の頃は何でも私に話してくれていたのに、楽しいと言って通っていた中学校で、実は真似をされたりからかわれたりしていたことを、私は担任の先生からの連絡で初めて知ることになったのです。本当にショックでした。
　思春期に入った新一くんの様子と、次男のことが重なる部分は「続編キラキラ」にも沢山ありました。
　座談会の場面では、「キラキラ」以上に、実際の生活に生かせるエピソードが盛り込まれ、吃音の子どもをもつお母さんたちの悩み、疑問に対するヒントや答えが多く、吃音についてもわかりやすくまとめられています。
　私は現在、自分にできる範囲で吃音の啓発活動をしています。
　次男が小学2年生の頃から小中高生の吃音のつどいに参加し始め、そこか

124 「キラキラ」とともに

らできた繋がりからも活動範囲が広がっていきました。吃音に関して自分の声を発信できる場を色々持てるようになったのは、本当にありがたいことです。

「キラキラ」を初めて読んだときには、まさかその7年後に堅田先生とお会いし、学会でシンポジストとしてご一緒できることになるとは思いもしませんでした。実際にお話をして、やっぱり堅田先生は、みんなのひげ先生であり村井先生なのだと確信しました。

今まで沢山の吃音の子どもたち、保護者たちと関わってこられた堅田先生の「キラキラ」だからこそ、多くの人たちの心により響くのだと思います。彼らを取り巻く現状や思いが、新一くんや新一くんのお母さんを通して丁寧に伝えられているのです。

私が次男の話し方に違和感を抱いたのは、2歳くらいの頃のこと。伸発の症状だったため、それが「吃音」（当時はその言葉さえ知りませんでしたが）だとは思いもせず、3歳児健診で相談しても、医師、保健士さんから返ってきた言葉は、「心配することはありません。様子をみましょう」というものでした。

それでも気になりかかりつけの病院の先生に相談したところ、5歳になる前くらいに市の相談窓口を紹介され、言語聴覚士の先生に「吃音」だと診断されました。

小学校就学までの2年間、言語指導を受けることになりましたが、「『吃音』だと気づかせてはいけない、話し方に触れてはいけない」と言われたため、きちんと説明することもなく、ただ決められた日に通っているだけでした。

「お母さんの接し方や育て方のせいではありません」と言われても、なん

となく腑に落ちないまま日々過ごしていたような気がします。

　悩み始めた頃に「キラキラ」と出会えていたら、あんなにも悶々とすることなく、もっと早く楽になれていたのにと改めて思います。

　小学校受験での親子面接のとき、校長先生から、「お兄ちゃんとはどんなことをして遊びますか？」と質問され、「おーーーーーーにいちゃんと、ミーーーーニカーやブーーーロックをして遊びます」と答えたとき、先生は、「そうかぁ、おーーーーーにいちゃんとそうやって遊ぶんだね」とおっしゃいました。

　小学3年生くらいのときに放課後学校で遊んでいると、普段関わりのない新任の専科の先生に、「何してるの？」と聞かれ、「おーーーーーにいちゃんを待っています」と答えると、「おーーーーーにいちゃんを待ってるのね」と言われ、先生に真似をされたと、家で泣いたこともありました。

　1日の大半を過ごす学校という場所で、子どもたちと関わる先生方が「吃音を知らない」ということは、大きな問題だと思います。

　「キラキラ」を読んでくださった次男の担任の先生は、「吃音のことが本当にわかりやすく書かれていました。自分ではある程度吃音のことを知っていたつもりでしたが、誤解していたことが多く、申し訳ない気持ちになりました」とおっしゃっていました。

　周りに正しく理解されることで、吃音の子どもたちは安心して生活できるようになると思います。吃音のことでいやな思いをすることも少なくなるでしょう。

　次男の吃音と付き合い始めてから、すでに16年。

　マスメディアなどで取り上げられる機会が増えたことや、インターネット

126 「キラキラ」とともに

の普及により情報が簡単に得られるようになったこと、吃音関係の書籍が増えたこと（当時は吃音に関する本も少なく、私は片っ端から探しては取り寄せたものでした）などから、社会において吃音を知る人たちは着実に増えました。

　学会などに参加していても、新たな研究結果、治療法などの発表が毎回あります。

　それなのに、吃音の保護者が抱える思いというのは、私が次男のことで悩んでいたあの頃とまったく変わらないような気がしてならないのです。吃音の子どもをもつお母さんたちの生の声を聞くと、10年以上前の自分と重なり、そこだけ時間が止まっているような錯覚に陥ってしまいます。

　私が「キラキラ」からもらった「大丈夫」という安心感を、子どもの吃音のことで不安に思っているお母さんたちに伝えたい、「吃音」をよくわかっていない周りの人たちに、「吃音」ってどんなものなのか、「吃音」の子どもは、保護者はこんな環境にいるんだ、こんな思いでいるんだということを知ってもらいたい、心からそう思います。

　私が色々活動する隣には、常に「キラキラ」があります。子どもの吃音のことで悩んでいるお母さんたち、言語聴覚士養成校の学生さんなど、吃音を学んでいる人たち、吃音の子どもたちと関わる人たちには、必ず「キラキラ」を紹介しています。

　先日、久しぶりに「キラキラ」を読んでみましたが、やはり涙なしに読むことはできませんでした。

　今、次男の吃音のことで思い悩むことはあまりなくなりましたが（もちろんこれから先、不安に思っていることはあります）、親子で泣いた日のこと、

つらい思いをした経験はずっとずっと自分の中に残っています。きっと今、この瞬間も、あの頃の私たちと同じ思いをしている人たちがいるでしょう。そういう人たちが少しでも楽になれるよう、私はこれからも「キラキラ」を沢山の人たちに伝えていきたいと思っています。私たちが救われたように、心を揺さぶられたように、きっと誰かの力となるはず。吃音が当たり前の世の中になれば、きっと皆、もっともっと生きやすくなるはずですから。

画：H.Y.

久保 牧子

医師、「吃音のある子どもと歩む会」代表
年齢：40代
好きな言葉：そもそも我々が人生の意味を問うてはいけません。我々は 人生に問われている立場であり、我々が人生の答えを出さなければならないのです。

キラキラが与えてくれた希望

キラキラとの出会い

　今回この原稿を書くにあたって、もう一度キラキラを読み返しました。私のキラキラには、たくさんの付箋が貼ってあります。その時心に残った箇所、参考にしたい箇所、後から読み返したいと思った箇所です。

　私が初めてキラキラと出会ったのは2年前の吃音の学会でした。表紙からなんだかあったかそうな感じがしました。読み始めると、物語に引き込まれていき、途中、何度も涙を浮かべながら最後まで一気に読み進めてしまいました。読み終わった後は、なんだか希望を感じ前向きになれたのを覚えています。

あのころのこと

　キラキラを初めて読んだころ、私は5歳と3歳の子どもたちの吃音で悩んでいました。長女は3歳半で発吃しました。言葉が出なくてジャンプして話し、おしゃべりだった長女があまり話さなくなり、とても心配しまし

た。話す、という今まで当たり前にできていたことができなくなり、消極的になっていく長女をみると心が痛み、自分のせいではないかと自分を責め涙する日々でした。

その後、難発はなくなったものの、伸発がずっと続いている状態で、友だちに悪気なく真似されるということもあり、将来いじめられたりしないかな、と心配に思っていました。

真似をした友だちの保護者に吃音のことを伝えてみたものの、うまく伝えられなかったこともあり、子どもやその他の人にどのように伝えたらよいのだろうと迷っていました。

人に伝える前に、吃音を親としてもどのようにとらえたらよいのだろう？子どもに吃音があってかわいそうと思われたことがあり違和感があったことから、かわいそうと思うのも違うし、そのままの子どもを受け入れたい気持ちもありますが、やっぱり治ってほしいとも思うし、どのようにとらえたらよいのか、と悩んでいました。

さらに、当時2歳10ヶ月で入園を控えた次女まで発吃し、幼稚園の先生にも伝えたいけどどのように伝えるか、どのように説明する機会をもらったらよいか、と悩んでいました。

母親のせい……

私がキラキラを読んだ当時はそのように多くの悩みをかかえていましたが、キラキラにはたくさんのヒントがありました。

主人公、新一がお母さんにインタビューしてお母さんが語るシーンでは、母親のせいではない、治そうと思うのも、かわいそうと思うのも親としては

仕方のないこと、という文章にかなり救われました。母親のせいではない、と分かってはいても、やはり責めてしまう時もありました。あの時こうしてしまったから、あの時こうしていたら、と考えてしまう時も多々ありました。物語の中で、新一のお母さんも私と同じように罪悪感をもっていて、その語りの中で、「母親のせいではない」、という言葉がすっと心にはいってきたような気がしました。また、受け入れたいのに治ってほしいと思う、それもダメだなあと自分を責めることもありましたが、そう思うのも悪いわけではない、と受け入れてもらえたようで、とても救われた気がしました。

かわいそう

　キラキラに出てくる村井先生やお母さんが言っていたように、かわいそう、と思うのはやっぱり違うなと思いました。でも私は、将来からかわれたりいじめられたりして苦労するだろうからかわいそう、とどこかで思っていたのかもしれません。だから、将来のことを心配していました。

　決してかわいそうなことではないんだ、かわいそうと思われた子どもはどう思うのだろう、吃音があってかわいそうだという価値づけを、一番身近な親である私がしないようにしようと思えました。

吃音を知ってもらう大切さ

　幼稚園の先生に吃音を理解してもらうためのお話をさせてもらいたい、と園長先生に話をもちかける際にも、キラキラの本がとても参考になりました。物語の中で、新一の担任の川畑先生は、吃音のことを知らないのに分かった気になってしまうという、よく起こりがちな誤解があるのですが、私自身、

吃音を誤解しているところがありました。

　私の身近には吃音のある人がいますが、私も吃音のことを理解していないのに、よく調べもせずに理解しているつもりになっていました。その人は難発で、普通に話す時はほとんど分かりません。難発で言葉が出てこないのに、私は考えながら話しているものと思っていました。なので、急いでいる時などは、「早く言ってよ」と急かしたり、言い換えによって少しおかしな表現をした時にはそれを追及したり、してはいけないことをたくさんしてきました。

　川畑先生の誤解とは少し違いますが、難発が吃音の症状であることを知らずに、実際の難発の症状に気づくのも難しく、内面にかかえる問題なんて全く気づかずに、傷つけるような声かけをたくさんしてきてしまいました。

　私や川畑先生以外にも、きっと誤解をしている人がたくさんいると思います。ほとんどの人が誤解をしているのではないでしょうか。キラキラにも、「知ってもらうことで、しぜんに笑わなくなったり、話し終わるまで待ってくれるようになるかもしれないよ」という箇所があります。私も、「ちゃんと知る」ことで対応が変わりました。からかいなどをただやめて、と言うのではなく、「知ってもらう」ということは本当に大切なことだと思っています。

　そのような経験をふくめて、園長先生にお話をしました。園長先生に思い切ってお話をさせてもらおうと思ったのも、このように話を切り出せたのも、キラキラのおかげです。

大切なのは何を言いたいか

　また、「人は話し方じゃなくて、何を言いたいのか、どんな言葉で言うの

かです」という新一の言葉は今も強く心に残っています。私は、キラキラを読む前から吃音のある子どもへの基本的な接し方として、「話し方ではなく、話す内容に耳を傾けましょう」という知識はありましたが、ただそのようにした方が子どもにとってよいという行動上の知識のみで、やはり実際の気持ちとしては子どもの話し方が気になっていました。

でも、最後の夢のシーンで、吃音があることが普通の島での新一の言葉ではっと気づかされました。立場が逆転した島でかわいそうと言われた子どもがどのような気持ちになるか、せっかく話しているのに話し方ばかりに注目されて指摘される心境を想像しつつ読み進める中で、大切なのは何を言いたいかだ、ということが強く心に伝わってきたのです。

今まではどうしても子どもの話し方ばかり気になってしまっていましたが、キラキラは私の気持ちに語りかけてくれたので、話し方ではなく、子どもの内面に目を向けよう、言葉を大切に伝えられるような子どもに育てていきたい、子どもにもそのように伝えていこうと段々と思えるようになりました。これはとても大きな変化だったと思います。

伝えたいこと

キラキラは、吃音をどのようにとらえたらよいのか、私に教えてくれました。そのおかげで、私は幼稚園の先生方に自信をもって、治さないといけないものではないこと、かわいそうなものではないこと、吃音以外のところにも目をむけてほしいこと、吃音をちゃんと知ることの大切さ、話し方ではなくて、何を話すかが大切であること、などを伝えることができました。そして、私自身に、子どもの吃音以外のところに目をむけるきっかけをくれました。

治ってほしい、という気持ちはやはりあります。親として、完全になくなるものではないと思います。でも、将来吃音が消えずに残ったとしても、このように子どもを支援していこう、新一のような子に育ってほしい、これから先からかわれることがあっても、きっと大丈夫じゃないか、と希望を与えてくれました。

治さないといけないものではない、治らなくてもよいのかもしれない、と思えると気持ちが楽になりました。肩の力が抜けて、子どもにとってもよかったのではないかと思います。キラキラに出会って本当によかったです。私のように子どもの吃音に悩む保護者に、キラキラが届くことを願っています。

私ができること

私は今、自分自身が一人で悩んだ経験から、堅田先生の影響をうけて「吃音のある子どもと歩む会」という親の集まりを東京で作っています。今悩んでいる親の力になれたらと思い活動しています。また私自身が、支援を受けられる場所を探すのにとても苦労した経験から、吃音診療にも関わりたいと思い勉強しています。

キラキラを支援する立場から読むと、また違った箇所が心に響いてきます。読み返すたびに、すべての箇所が大切な情報であふれていることに気づきます。吃音は難しい、難しいからやれない、やらない、と思っている言語聴覚士や他の専門職の先生方にも、希望を与える本ではないでしょうか。

吃音だけではない色々な面をもった一人の人間として、吃音のある子どもの気持ちに寄り添いながら関わってくださることを願います。そして、支援をしてくれる先生方がさらに増えていくことを期待します。支援する先生方

134 キラキラが与えてくれた希望

にもぜひ読んで頂きたい一冊だと思います。私も将来ひげ先生のように、子どもを一人の人間として大切に接しながら、吃音診療に関わっていきたいと思っています。

　最後に、私に希望を与えてくれたキラキラへの感謝の思いで締めくくりたいと思います。本当にありがとうございました。

田多井 智恵

公務員
年齢：40代
好きな言葉：楽あれば苦あり、苦あれば楽あり

繋がりの大切さ

「お母さん、何とかなるわよ」
　その少しぶっきら棒とも取れるその言葉を聞いたとき、私は初めて吃音のことで他人の前で泣きました。
　人生のなかで初めて出会った言語聴覚士の先生からの言葉でした。同情やどんな優しいなぐさめの言葉より、あのときの私にとって一番欲しい言葉だったからだと思います。
　あれから息子の吃音と向き合って4年、様々な問題に直面しても前向きにいられたのは、今はこの言葉のおかげだと思っています。

　その息子に吃音が現れたのは、ちょうど3歳6カ月のときでした。あまりにも唐突な「吃音」の出現に、今でもそのときの状況を鮮明に思い出すことができます。
　これは、何なんだろう……。当時、あまりにも知識がなさすぎた私は、息子の繰り返される「吃音」に、ただただ呆然と立ち尽くすしかありませんで

した。どうしたらいいのか……などと考えることさえ思いつきませんでした。

　その後、長男の吃音は、出たり出なかったり、いわゆる「波」を繰り返していきました。

　吃音が出現したときは、すでに乳幼児健診も終了した年齢であり、保育園の先生に相談してみたものの「様子を見ましょう」と言われてしまい、相談する場所さえわからないまま、いわゆる『キラキラ』でいうところの「放置」の状態でした。そんな息子の吃音が悪化したのは、保育園の年中のときでした。

　年少の頃までは見られていた吃音の「波」は年中の頃にはほぼなくなり、明らかに悪化していました。今までの「繰り返し」に加え「伸発」、「随伴症状」が現れていました。後で息子が教えてくれましたが、当時数人のお友達から話し方について聞かれたり、真似されたりしていたそうです。

　そんなとき、保育園の園長先生から、市の「ことばの教室」に空きが出たので行ってみないか、と声をかけていただきました。

　私たち親子にとって、このことが、大きな転機となりました。

　「ことばの教室」では何をするのか全く何も知らないまま親子二人、不安な気持ちをいっぱい抱えて出かけて行きました。そこには「言語聴覚士」という初めて耳にする職業の先生が一人座っているだけでした。しかも、いきなり息子に堂々と吃音の話をし始めたのです。

　まさに息子も母親の私も「鳩に豆鉄砲」を食らった状態でした。しかし、「このままでいいんだ……」そう思えた瞬間でもありました。しかし、そんな息子に突然、「難発」の症状が出たのはその直後でした。

保育園で何かある……。そう思った私は「ことばの教室」に連絡しました。そのとき、先生から言っていただいた言葉が冒頭の言葉でした。先生はその後、膨大な数の言語聴覚士向けの専門書を送ってくださいました。当時の私は、吃音について正しく知りたいのに、どんな情報が正しいのか、どんな本を読んだら良いのか全くわからない状態だったからです。

　周りの方々のご協力もあり、息子の「難発」が落ち着いてきた頃、「ことばの教室」の先生から、「吃音の専門の言語聴覚士の先生が東京から長野に来るから行ってみませんか」と言われました。当時年中だった息子は、年長になったら他の病院で本格的に吃音のリハビリを行う予定でした。「ことばの教室」は、吃音だけでなく、たくさんある言語の発達症状を見極めて他の病院へ橋渡しするのが主な役割だったからです。

　まさに転機だと思いました。

　専門書を読み、息子の吃音が少なからず重いことを知った私は、今まさにその「国立障害者リハビリテーションセンター」の、しかも「吃音の専門の先生」が長野に来てくださる！　もうそれだけで嬉しい気持ちでいっぱいでした。

　長野県の東御市に「ことばの外来」ができたのは、息子が年長になった４月でした。そこで、餅田先生から得た吃音に関する正しい知識は驚きの連続でした。餅田先生からは、吃音児とその保護者を守ろう、守りたい、という気持ちが強く伝わってきました。そして、何より驚いたのは、息子の態度でした。受診１回目で息子が「治したい」といきなり餅田先生に言ったのです。それに対し、また驚いたのが、餅田先生の息子に対する対応でした。息子の

一言に応えて、すぐさまリハビリを始めてくださったのです。その瞬間、息子と餅田先生との間に確かな信頼関係が生まれたのを感じました。

一方、親としては、餅田先生からアドバイスをいただきながら、保育園の先生方に吃音や息子の状態についての正しい対応を説明していきました。餅田先生からも直接保育園の先生方にお手紙を書いていただいたり、直接電話を通して説明していただきました。

しかし、ここで初めて「理解を得ることの難しさ」を知ったのです。

その壁に突き当たったとき、必ず道標となった本が『キラキラ』でした。『キラキラ』は、餅田先生が出会って初めて私に紹介してくださった本でした。

「ことばの教室」の先生が教えてくださった本が吃音を正しく知るための知識ならば、『キラキラ』は吃音を正しく周りに伝えて理解を得ていくための、まさに道標ともいえる本だと思いました。

年長の一年間は、毎週リハビリに通いました。餅田先生との会話は、息子が日に日に吃音のある自分に自信をつけていくのに十分でした。ただ、母親の私の方は保育園でお友達から真似されたりしたことが原因で、息子に「難発」が出てしまった出来事がトラウマとなっていました。

その度に『キラキラ』を開き、保育園での出来事を繰り返さないためにも、息子の吃音を周囲に正しく伝え、吃音があってもそのまま話せる環境を整えてあげることが息子にとって何より大切なのだ、ということをどう実践していくのかを考えるようになりました。

しかし、どう伝えるべきなのか……。周りの気持ちを動かすには……。

何度か経験を積むうちに、一方的では伝わらない、ということに気がつき

ました。『キラキラ』にも書かれていましたが、息子も自分で「伝える」努力をしなければ、本当の気持ちは伝わらないと思ったのです。大切なのは、「伝え繋げていく」ことなのだと心から思いました。

　小学校入学にあたっては、吃音児童のコーディネーターになっている教頭先生にお願いして、入学前に担任の先生に、息子の吃音についてお話する機会も設けていただきました。

　1年生入学後は、まず4月にクラスの生徒さんたちへ担任の先生から吃音について話していただいた後、初めての参観日ではPTAで保護者の方に向けた吃音のお便りを配っていただき、母親の私から説明する機会も設けてくださいました。秋には学校からのご提案で、学年便りに息子の吃音に関するお手紙を餅田先生に書いていただきました。そうしたところ、嬉しいことに、1学年の全員の生徒さんたちにも先生の方からお話してくださいました。

　小学校入学というのはどのお子さんにとってもそうだと思いますが、子どもにとって初めての体験も多く、負担は少なからずあるかと思います。そのような状況のなかで、息子の吃音も決して良いとは言えない状態が続きました。それは2年生になってもしばらく続きました。特に「お」で始まる言葉が苦手な息子は一時「おはようございます」「お願いします」が言えない、いわゆる「難発」が続いていました。

　担任の先生には、吃音に対するたくさんの「対応」をお願いすることになりました。事前に餅田先生とお話していただき、『キラキラ』に書かれている当面の手段として「今の最善の方法」は、このときの息子にとっては、「おはようございます」「お願いします」を本人が言いたいときは「言えるまで待っ

140 繋がりの大切さ

て言わせてあげること」、言いたくないときは、「無理に言わせない」ことで
した。

　また、音読の際は一人では読ませず、読みにくそうなときは担任の先生に
それとなく並読していただいたり、九九の授業では一般的に行われている読
み上げる競争をし覚えさせることを避けていただいたりもしました。吃音の
ある子どもは、言葉で言う競争はどうしても他のお友達より話すのが遅く
なってしまうため、九九を覚えることよりも競争に負けてしまったことで周
りに迷惑をかけてしまったなど、失敗の感情が先にきてしまい、このことに
よる自信喪失の事態を避けるためでした。そのためクラス全体で九九を早く
言う競争を避けていただくという配慮をしていただいたのです。担任の先生
にとってどれも大変なことだったと思いますが、そのおかげで２年生が終わ
る頃には吃音はとても良い状態となり、今では、「おはようございます」も「お
願いします」もどもりながらでもスラスラ話せるようになりました。

　同時に私は、息子に「これが僕の話し方」なんだと、自信を持って伝えて
いって欲しいと伝えました。これは『キラキラ』にも書かれていたことでした。

　餅田先生も、診察の度にそのことを息子に伝えていました。いくら環境を
整えてあげても、息子が自ら自信を持って吃音について伝えていかなければ
意味がないと思ったからです。

　そんな息子が３年生になったとき、クラス替えがありました。２年ぶりの
新しい環境です。

　１・２年の担任の先生のご尽力のおかげで２年の終わり頃の息子の学校で
の吃音の環境はとても良いものとなっていました。しかし、今まで一度も同

じクラスになったことのないお友達もおり、２年前に話していただいた学年全体の説明も忘れてしまっているお友達も多くいるなかで、やはり、息子が何人かのお友達から「話し方」について聞かれることもありました。そんな中、担任の先生が保護者の方への吃音に関するお手紙を参観日の後のPTAで配ってくださったのです。しかも、母親の私に代わり、保護者の方へ吃音の説明をしてくださったのです。思ってもみないお心遣いに、嬉しくて涙が出そうになったことを覚えています。

　吃音のお手紙は、その後、学年全体の保護者の方へ向けて配っていただいたのですが、やはり、その後も数名のお友達から「話し方」について聞かれた、としばらく経ってから息子が教えてくれました。

　それでも以前と違うのは、息子が「これが僕の話し方なんだよ」と、「自分できちんと説明していた」ことでした。

　しかし、息子が数名のお友達から吃音について聞かれている以上、「親としての対応」は必要だと思いました。『キラキラ』で言う「親の役割」です。これまで、学校以外でも保育園をはじめ、児童館、息子の通っているプール教室など様々な関係施設で息子の吃音に関する配慮をお願いしてきました。それぞれ様々な反応が返ってきましたが、共通する反応もいくつかありました。一番多いのが、今の吃音の状態が良いので言う必要はないのではないか、また、息子の吃音を公表すれば逆にいじめられるのではないか、という反応です。その場合は、息子に公表するか直接真意を問うことになります。多くは「嫌」と答えることが多いので、本人が「嫌」だと言っているので本人の意思を尊重しましょう、と話すことを拒むきっかけにするためです。

　他に学校側からすれば、吃音以外にもたくさんの配慮を必要とする生徒さ

んがいらっしゃるなかで、はたして息子だけを配慮して良いのだろうかという疑問もあると思います。そこで、餅田先生に改めて学校の学年主任の先生と相談していただくことにしました。お願いされる側にとっては、両親がどんな肩書きを持っていようと、皆「保護者」からの訴えに等しいからです。『キラキラ』にも書かれていますが、保育園・学校の先生方にまず吃音について理解していただくとき、餅田先生のような医療従事者から客観的な立場で説明をしていただくことが重要です。

　しかし、学校側の反応は、私たちの予想とは少し違っていました。

　「親御さんや専門家の先生が学校にきて話していただくなら良い」というものでした。その後、紆余曲折があり、私たち親子の住む地域の病院で「ことばの外来」を始めた言語聴覚士の内藤先生が、「なら、私が行きます」とおっしゃってくださいました。今思い出してみても「繋がり」を深く感じさせてくれた出来事の始まりでした。

　折よく、人権週間の一カ月前でした。それが、「人権週間」での「吃音の授業」へと繋がりました。内藤先生による授業の後、父親が息子の吃音について生徒さんたちの前でお話することになりました。

　そのときの原稿を載せさせていただきます。

　みなさん、こんにちは。
　私は、３年４組の田多井○○の父親の、田多井用章です。
　今日は、みなさんにお礼をいいたくて、先生にお願いして、お邪魔をさせていただきました。

3年4組のみなさんをはじめ、もう知っているみなさんも多いと思いますが、○○には、吃音があります。

さきほど、内藤先生からくわしく説明していただきましたが、吃音は、お話をするときに、「あ、あ、あ」となってしまったり、最初の言葉がなかなかでなかったりして、話すときに時間がかかったり、みなさんと少し話し方が違ったりすることをいいます。どもる、ともいいます。

どうしてそうなるのか、お医者さんたちが研究をしても、まだくわしい理由はわかっていないのですが、○○は、保育園に入る前の小さいときから、吃音がありました。

これまで、保育園や学校の先生にお願いして、クラスや学年のみなさんや保護者のみなさんに、○○の吃音のことを説明していただきました。

どうしてかというと、吃音で、他のお友達とは違った話し方をしていて、もし、そのことをからかわれたり、まねをされたり、話をきいてもらえなかったら、○○は、そのことが悲しくて、話すことができなくなってしまうかもしれなかったからです。

でも、みなさんは、○○のことをわかってくれて、吃音のことをからかったり、いじめたりせず、逆に○○のことを守ってくれてきてくれました。そのおかげで、○○は毎日元気に学校に行き、楽しく学校生活を送ることができています。それはみなさんのおかげであると思っています。私も、母親も、そして○○も、みなさんにお礼をいいたい気持ちでいっぱいです。

人はだれでも、他の人と違うところがあります。

私は、背が小さくて、力持ちでもなく、体育が苦手でした。恥ずかしいですが、大人になった今でも、クロールで25m泳ぐことができませんし、

144 繋がりの大切さ

野球やドッジボールなどは本当に下手です。

子どものとき、自分でそのことをいやだなと思っていて、人からそのこと を言われると、すごく悲しい気持ちになりました。でも、うまくやる方法 を教えてくれたり、体育の時間の試合で助けてくれたりする友達もいて、 本当にうれしく思いました。みなさんの誰にでも、そういったことがある のではないかと思います。

また、みなさんがこれからどんどん大きくなって、いろいろな人たちと出 会っていくなかで、○○と同じような話し方の、吃音のお友達と出会うこ とがあると思います。

○○や吃音のことをわかってくれて、守ってきてくれたみなさんなら、こ れまで、みなさんが○○にしてくれたように、吃音のお友達のお話を最後 まで待っていてくれたり、そのままの話し方をちゃんと聞いてあげたりし て、楽しくおしゃべりしたり、一緒に仲良くすることができると思います。 私自身も、みなさんのように、自分と少し違うところがある人たちのこと をわかってあげようとする、優しい気持ちを持っていたいと思います。

これまで、○○に優しくしてくれて、本当にありがとうございました。こ れからも、よろしくお願いいたします。

内藤先生の楽しい「吃音の授業」で少し興奮気味だった生徒さんたちも、 最後の方は驚くくらい静かに父親の話を聞いてくれました。

今回の授業が行えた背景には、たくさんの方が繋げてくださった吃音への 「思い」のおかげがあると思っています。

「ことばの教室」の言語聴覚士の先生が餅田先生との縁を繋げてくださり、

その餅田先生が内藤先生との縁を繋げてくださいました。

　また、３年生の担任の先生が、コーディネーターの教頭先生との間を取り持ち繋げてくださりました。餅田先生が書いてくださった吃音のお手紙が、吃音で悩んでいる親御さんへと繋げてくださり、そして１年生のときの担任だった先生とともに、新しい学年で吃音のある生徒さんへの対応で悩んでいた先生に繋げてくださいました。

　「繋がり」とはこういうものなのだと、このとき初めて「繋がり」というものに心から感謝しました。

　息子の吃音に向き合ってまだ４年……。私は、吃音児の親として、特別に何かをしたわけではありません。どちらかというと面倒くさがりで「それ以上」のことは決してしません。大きな機関に訴えていこうなんて、おこがましくてやろうとさえ思えない有様です。

　ただ、吃音に関して正しく理解し、できるだけ早く医療に繋げること、それは大切に伝えていきたいと強く思っています。そうでなければ、子どものクラス、学年の児童、保護者の方に吃音について伝え、理解してもらうことなどできないからです。こつこつと、この小さな小さな積み重ねが、この田舎の片隅で10年後、20年後、少しでも吃音児とその親御さんにとって住みやすい環境になっていますようにと、心から願わずにはいられません。

　拙い経験ではありますが、少しでもお役に立てましたら幸いです。

栁澤 みえ子

金融機関勤務、「きつつきの会」副代表
年齢：40代
好きな言葉：「がんばらない」

「もっと早く出会いたかった」

　現在中学2年生の息子の言葉のつまりに気付いたのは、言葉が出始めた3歳くらいの時。言葉が遅く心配していたのですが、いざ話し始めると「ぼ、ぼ、ぼくねー」「おーーーかあさん」などと最初の音がおかしく、これは一体何なんだろう、何かの病気なのか？ それとも私の育て方が悪いせいなのか？と不安でいっぱいになりました。その後、年長の時に言語聴覚士さんの講演会に行き、そこで初めてこれが「吃音」だと知りました。「原因がわからないため、決定的な治療法はまだない」と聞いて大きなショックを受けましたが、それと同時に、無理に治さなくても良い、息子はこのままでいいんだ、と初めて肯定してもらえたようで、とてもうれしく前向きな気持ちになれました。その後は小2からは「ことばの教室」への通級、小5からは東御市民病院の「ことばの外来」への受診へとつながっていき現在に至ります。

　私は吃音をなるべくオープンにした方が良いと思ったので、小学生の頃は積極的にPTAの役員を引き受けました。自分の意見を発信できる立場に身を置くことで、保護者や先生方に吃音のことをお話しして、困った時には助

けてもらおうと考えたからです。中学では、先生には私からお話ししました
が、友達には自分で伝えたい、と本人が言ったので、彼の意志に任せています。
今までに何度も吃音についての説明やお願いをしてきましたが、正直なとこ
ろ、具体的に何をしてほしいのか、何を伝えればいいのかよくわからないま
までいました。

　今年の４月、クラス替えがあり、新しい担任の先生に息子が直接吃音のこ
とを話しに行ったそうです。「僕には吃音があることをみんなに知ってほし
い。できないことはないし、してほしいこともない。ただ知っていてくれる
だけでいい。」と言ったとのこと。息子の成長に感動するとともに、今まで
のモヤモヤがスッキリと晴れました。

　今、息子のまわりの環境は完ぺきとは言えませんがある程度整っているた
め、学校や部活であまり困ることなく過ごせています。息子曰く、「吃音が
気にならないことはない。気にしないようにしている」とのことです。

　今まで、何が一番つらかったかを改めて考えてみると、自分だけなのでは
ないかという孤独感、そして周囲に理解してもらえないことでした。私が「キ
ラキラ」と出会ったのは数年前のこと。もっと早くに出会っていれば、もう
少し余裕をもって息子と接することができたかもしれない、吃音としっかり
向き合えたのかもしれない、と思います。

　思春期を迎え、自立しようとしている息子に私ができることなど何もない
のかもしれません。吃音のことをオープンに話せる関係だと自負しています
が、相談されることはほとんどなくなってしまいました。それでも時々は「最
近、ことばの調子はどう？　困っていることはない？」と問いかけ続け、心
の扉をノックすることはやめない、と心に決めています。

関 貴代美

作業療法士
年齢：40代
好きな言葉：前途洋々

わたしのキラキラ

　私は昨年の座談会に参加するまでは、吃音をきちんと知りませんでした。思い起こせば、それほど吃音に興味があったわけではありませんでした。ただ、餅田先生がいつも忙しそうに一人で動いているのをそばで見ていて、何かお手伝い出来ないかなぁと思っていただけでした。

　そして、座談会の当日も、会場のお手伝いをしようと思い参加しました。そこで、これを機会に後で堅田先生の本を読んでみようと思い、混雑する時間帯をさけてお昼の時間に『キラキラ』の本を購入していました。まさか、午後には堅田先生のお話を大きな輪の中に入れていただいて聞くことが出来るとは思ってもみませんでした。そして、堅田先生のゆっくりとした穏やかな口調で吃音の説明を聞いていると、吃音をとりまく大きな課題があることがわかりました。これは、吃音を抱えている人たちだけの課題ではなく、話をする全ての人たちの課題なんだということに気付きました。

　また、餅田先生からは皆に大胆な夢というか大きな目標が投げ掛けられました。この東御市から吃音のきちんとした理解を広げて、他のお手本となる

ような街にしていきませんかと。すごいことだなぁと正直呆気に取られました。偶然にも壮大なお話をほんの一瞬で聞いてしまったなぁ……と。

この座談会では、とても有意義な時間を過ごさせていただき、なんだか体からエネルギーが湧いてくるように感じました。そして、購入してあった『キラキラ』の本を家に帰って一気に読んでしまいました。

『キラキラ』は難しい専門用語はなく、字も大きくて読みやすく、主人公の新一くんの気持ちやお母さんの気持ち、その他の登場人物の気持ちがとても丁寧に描かれていてわかりやすかったです。今まで私の身近には吃音のある人がいなかったので、この本のおかげで吃音をとりまく課題がイメージしやすかったです。

特に私は最後の章が好きです。どもりの国が出てきて、ほろほろ村の人びとの様子や、哲くんと新一くんの立場が逆になっているところなど、この本の素朴なイラストからも想像出来るようなファンタジーな光景も目に浮かび、失礼ながら楽しんで読むことが出来ました。

私は、もともとこういうメルヘンチックな本が好きだったので、『キラキラ』もすぐに大好きになりました。すごく真面目な本ではあるけれど、可愛らしい本でもあるなと思いました。これなら大人から子供まで勧められるなと思い、私の身近にいる母や姉やちょうど新一くんと同じ小５の甥っ子にも読んでもらいました。

そして、もっと吃音という言葉を広く一般に、一人でも多くの人に知ってほしいと思いました。

そこで、東御市の情報局のFMとうみで働いている同級生のゴルフ友達が浮かび、吃音についてラジオで放送してもらえないかすぐに相談しました。

150 わたしのキラキラ

私の知ったばかりの吃音を、何も知らない友達になんて伝えようか悩みましたが、なんとその同級生のお祖父さんが吃音だったと聞いて話が早かったのでとても助かりました。そういったちょっとしたつながりが吃音に関心をもってもらえるきっかけになるんだなぁと思いました。そしていつか、吃音のある人がラジオのパーソナリティになって、それを当たり前のように聞くことが出来ている東御市民まで、私の頭の中ではキラキラと妄想が輝いていました。

　今ではその妄想の一部が現実となり、「コトバノハコ」として毎月放送が継続されていることにとても感謝しています。

　ラジオを通して、ふと誰かの耳に届いた吃音の言葉が、一人でも多くの人の興味を誘い、吃音に関心を寄せてもらえたらいいなと思いました。

　例えば AED の操作を知っているだけで、助かる命があるように、吃音をきちんと知っているだけで、助けられる心があると私は思いました。

　自分の住んでいる街で、知らず知らずのうちに吃音のある人を傷つけてしまわないように、吃音をきちんと理解し、吃音を知っているだけで、さりげなく吃音のある人を支えて一緒に普通に暮らしていける街になったらいいなぁと思います。新一くんの夢物語に出てきた「どもりの国」のように。

　『キラキラ』のおかげで吃音をきちんと知ることができ、また、多くの方とのつながりが増え、このような機会をいただけたことに、とても感謝しています。

　いつか、この本をもとにアニメや映画がつくられる日を願っています。

★★保育園、小学校の先生たちから

三村 小百合

松本市立梓川小学校教諭
年齢：30代
好きな言葉：あきらめたらそこで試合終了ですよ。一期一会

「キラキラ」との出会いから教えられたこと

　クラス替え後の新3年生を受け持ち、吃音を持ったT君に出会いました。吃音を持っているという情報を事前に得ていましたので、自分自身もどんなふうに接していこうか、周囲の子たちはどうなのか、最初は自分も様子をうかがっている部分もありました。

　実際、T君に出会い、とても驚いたのは、自分の考えや思いを、とても堂々と伝えてくれたことでした。聞いていると確かに、どもる場面もあったり、言い直すこともあったりしたのですが、本人は臆することなくみんなの前で話をしてくれました。新しい環境の中、初対面の子もいる中で、すごいことだな、と驚かされたことを覚えています。

　半年以上たった現在も、T君のそんな堂々とした姿は全く変わっていません。それどころか、積極的にアイデアを出したり、先頭に立って活動したり、エネルギー溢れる毎日を送っていると言えます。

T君に吃音があるということは、周囲の子たちも理解しています。どの子も温かく耳を傾け、聞く姿勢がしっかり身についていること、T君が安心して自分を出せる環境がそこにあることが、T君の堂々とした姿につながっていることは言うまでもないと感じています。聞くところによると、1、2年生の頃から担任の先生による、周囲の子どもたちへの働きかけがあったようです。そういった力が現在の姿に結びついているのだと思います。

　私は半年の間ですが、T君のご両親とお話をさせていただく機会をたくさん持たせていただき、もう1つ感じていることがあります。それは、ご両親の関わり方です。

　いつも、にこにこしているT君、明るい家庭で自分のことをたくさん認められ、のびのびと育てられ、愛されていることこそが、自己肯定感を高め、ありのままの自分でいいのだ、という気持ちにつながっているのだと思います。それは、吃音を持つ子どもにとって、何よりも大事な力になるのではないでしょうか。T君のご両親、T君自身から学ぶことが大きい半年でした。

　ご縁がありT君とそのご家族に出会うことができ、「キラキラ」を手に取る機会を与えていただき、本当に良かったと感じています。本の中で「個性」について言及されていますが、私も深く考えさせられました。相手を正しく理解すること、そのために確かなことを伝えていくこと、その先に見えてくるものがあるのだということを教えていただいたような気がします。

154 「キラキラ」との出会いから教えられたこと

　正直言うと、自分の中には、まだ子どもだから、難しいことを言ってもよくわからないだろう。情報を与えすぎて、逆に刺激してしまうこともあるのではないだろうか……。そんな思いが脳裏にありました。

　これまで出会ったお子さんの中に、個性の強いお子さんがいても、自分の勉強不足でそのように対応してきてしまったこともありました。ですが、T君とご両親の姿や、本の中の新一君や村井先生の姿から学び、まずは相手を理解するために正しく情報を共有することが大切なのだと感じました。

　クラスの子どもたちに、これがT君なのだよと話をすると、子どもたちは大人以上に理解する力、理解して丸ごと相手の存在を認めることができる力が、あるのだということを行動で教えてくれました。前述のT君の学級での姿がその証です。

　改めて、相手を正しく理解することと、そのために私たちが「個性」と捉えてきたことをどのように考え、子どもに伝えていったらよいのか、教師として考えることができました。

　これから先、様々な出会いがあり、新しい環境に変わる中でこうした経験の一つひとつが大きな力となり、T君がこれからも明るく自分らしく表現していけるよう、担任として共に過ごす中で何ができるか、自分自身も日々学びながら、T君と成長していきたいと思う日々です。

D.H.

保育士
年齢：30代
好きな言葉：止まない雨はない

思いを知って、気持ちに寄り添う

　S市の私立保育園で保育士をしている者です。

　当時、私は年中クラスの担任をしていました。11月に行われる個人面談の時だったと思います。H君のお母さんに「H君、少しどもることがあるようです……」とお伝えしたことが、私自身が「吃音について正しく知る」ことになった始まりでした。

　明るくて話すことが好きなH君でしたが、連発が出て緊張というか力が入っているように見られました。その頃の私には、吃音に関する知識がほとんどなく、保育の現場でいわれた通りに「どもっていることは指摘せず、ゆっくり話を聞いてあげて下さい。"ゆっくり言えばいいよ"と伝えて下さい」というようなアドバイスをしたと記憶しています。

　その後、H君が受診した東御市民病院の餅田先生との出会いがあり、受診の様子をいつも丁寧に私に伝えて下さるお母さんとのやりとりの中で『キラキラ』を紹介していただきました。

　「ありがとうございます」と受け取ったものの、薄くはない本が続編も合

156 思いを知って、気持ちに寄り添う

わせて2冊。読めるかしら? と思ったのが正直なところでした。しかし、本をめくると難しい説明本ではなく、物語になっていました。「どれどれ」とさわりだけ読むつもりがストーリーに惹き付けられて一気に読んだのを覚えています。物語に登場する色んな人の視点になってそれぞれの思いや考えに共感したり、気付かされたりすることが沢山ありました。そして、それは物語の中だけのことではなく、実際に起こりうることなのだと。「どれどれ」と軽い気持ちで読み始めた私でしたが、身のひき締まる思いでした。

　物語の中で「吃音は可哀相なことではない。僕の個性だ」と堂々と言えるようになっていく新一の心の成長、そこに至るまでの不安、悩み、葛藤は当事者の心に寄り添って書かれた物語だからこそ読み手の心に真っ直ぐに響いてくるものだったと思います。それらは「吃音」という事柄だけを見ていては決して感じることが出来なかったでしょう。

　「吃音」の症状、原因等正しい知識を持つことはもちろんとても重要なことです。しかし、知識だけでは「吃音を理解した」とはいえないのではないでしょうか。他のことにも共通していえることですが、やはり「思いを知って、気持ちに寄り添う=理解する」ことが大切なことだと『キラキラ』は気付かせてくれる1冊でした。

　この文を書かせて頂くにあたり、約1年半ぶりに『キラキラ』を手に取り読ませて頂きました。新一、お母さん、ひげ先生、担任の先生、クラスメイト……。様々な立場になって再び深く考えさせてもらいました。

　どうぞ、1人でも多くの方に『吃音に関する正しい知識と理解』が広がりますように……!!

★★★専門の知識を持つ先生たちから

金子 多恵子

長野医療衛生専門学校 言語聴覚士学科勤務
年齢：30代
好きな言葉：死ぬこと以外はかすり傷

私も誰かの「ひげ先生」に

　「キラキラ」と出会ったのは、今から遡って1年半ほど前の2016年。私はそれまで勤務していた関東から地元長野へ戻ってきました。ある方に「長野の吃音を学ぶ会」という言語聴覚士（ST）の勉強会に誘っていただき、参加した時でした。
　その会では、私がそれまでやっていた、吃音の症状やご本人の捉え方、また親御さんからお子さんへの対応の仕方を変えるだけでなく、その子の所属する学校や園などの「環境」に働きかけることの大切さが話し合われていました。
　吃音への理解を得るためにお話する時、「キラキラ」を支えに、そして携えて取り組まれていたのです。
　しかしその時の私は「環境」に伝えていく、理解を促していくことはとてもハードルが高いことだと感じていました。言語聴覚士がその子のため、と本気で思っていても、「学校」や「園」の都合や実状に合わせると、現実的でない場合や、言語聴覚士のひとりよがりになってしまう場合もあるのでは

ないか。今までの多くない挑戦と失敗経験からそう感じていました。

　自分の思う「最善」は、先方の最善ではない。その思いが徐々に変わったのは、継続して勉強会や座談会などに参加し、「環境」への働きかけ方、伝える内容やそのスタンス、そして何より伝えたことでのよい変化を見聞きしてからのことです。これは「一部の特別な先生だからできること」ではなく、私にも、そして新人の臨床家でもできること、やっていくべきことなのかもしれない。そう考えるようになり、「キラキラ」を開くことになります。

　「キラキラ」と出会うまでの経緯が長くなってしまいましたが、「キラキラ」を読んだあの時を思い出すため、もう何度目か分かりませんが、もう一度「キラキラ」を開いてみました。何度読んでも、たくさんの涙が溢れてきます。思い起こして書く今も涙が滲んでくるのです。本当に心を揺さぶられる本です。

　以前、著者の堅田先生が、人の心を動かすのは、それが「本気の言葉」だからとおっしゃっていました。この本に登場する人物は本気の言葉を口にします。自分はこれだけ「本気の言葉」で人に伝えることがあったでしょうか。人の気持ちを動かせる、本気の言葉を口にできる人になりたいと思いました。

　主人公の「新一」のことばの教室の先生として「ひげ先生」が出てきます。このひげ先生がすごい。新一をはじめ、子どもを一人の人としてきちんと敬意を払い、強引でなく、気持ちを大切にし、子どもの心をつかんでいきます。型にはまらずに、子どもとの時間、その子と関われることを本当に楽しみながら、よい方向に導いていくのです。

　すごすぎる！　素敵すぎる！　私はひげ先生のような臨床家ではなかったと

160 私も誰かの「ひげ先生」に

思い返しました。こんな風に上手に子どもと関係を作り、お母さんと協力し、学校の先生にも理解をしてもらえるような、力強い働きかけはできていませんでした。ひげ先生は子どもに愛され、信頼され、まっすぐで、真剣で、子どもの気持ちや状態に合わせて対応する余裕があります。

　この本を読んで、ひげ先生を知っているお母さん達には、私のことは心許なく思われてしまうのではないか……。そんな不安に駆られたことも記憶しています。でも今はひげ先生のような臨床家に……。それが1つの目標になっています。

　物語の中でお母さんが新一に、これまでのお母さんの気持ちを話すところは何度読んでも涙なしでは読めません。親御さんはこんな気持ちでいるんだ。今まで親御さんの気持ちに心を寄せていたつもりだったけれど、本当に寄り添えていたのだろうか。言葉で説明すると、どこか心に届きにくい。でも「キラキラ」では、登場人物の会話の中で、ありありとその情景を目に浮かべながら、感情移入しながら理解することができます。一緒に体験し共有した気持ちにさせてくれます。気持ちを伴って理解できる、そんな素敵な本なのです。

　登場人物の中で私の憧れはひげ先生です。ひげ先生の臨床、子どもに対する接し方、姿勢から学ぶことが非常に多いのです。ひげ先生は自分の経験や学んだこと考えたことを、新一に「相談」するかのように意見を求め、それに応じることで新一も吃音のこと、生き方についても考え、理解を深めていくのです。

先生から子どもへ、上から下へ、ではない。理解を深めるきっかけとなる
場を提供し、共に考え思いを共有していく、なんて素敵な臨床であり、重み
のある時間なのだろう、そう思いました。

続編で、新一が中学校進学とともにことばの教室を卒業し、ひげ先生に会
いに行った場面で、ひげ先生がまた新一にある問いかけをします。

「お母さんやお父さんからよく言われることがあってね。『何か自信になる
ものを身につけさせてやりたい』って。自信になるものをもっていると、
吃音に立ち向かうことができるのではないか、負けない、くじけない、そ
んな意味合いで自信になるものを何かみつけてやりたいんだって。
その気持ちはよく分かるんだ。確かに人よりも優れたものを持っていたり、
マネできない特技なんかがあったら、それはそれで素晴らしいし、当然自
信になると思う。ただね（中略）自信になるものを得たとして、それがあっ
たら吃音を気にしないで生きていくことってできるだろうか。
（『続編キラキラ どもる子どものものがたり〜少年新一の成長記〜』P.40）
（以下『続編キラキラ』）

新一に問いかけているのですが、読者にも問いかけられているように感じ
られます。「何か自信になるもの、人より秀でたものを身につけさせてやり
たい」という話は臨床場面で親御さんからよく聞くことです。この質問をさ
れると、私は返答に窮していました。人より秀でたものを身につけられたら、
それは吃音のあるなしに関わらずとても素敵なことだと思います。

何か得意なものや夢中になるものが手に入った人の中に、吃音の悩みが小

さくなったという話は聞きますし、その効果を目指すのは悪いこととは言えないと思います。ただ人よりも秀でたものを見つけられない、得られなかった場合には、自分自身に自信を持つことはできないのでしょうか。逆に人より秀でたものを身につけられたら、それは本当に吃音の悩みを覆い隠すものになるのでしょうか。その保証はありません。＋αの効果であって第一選択ではないのでしょう。

　ひげ先生が話してくれる、ボブ＝ラブというＮＢＡ選手の話からも、自信のあるものが吃音の悩みを小さくしてくれる効果は永遠ではないと感じられます。ボブ＝ラブは、バスケットボール選手をやめた後、吃音を理由に宣伝役や講演などを一切断り、その後一文無しになってしまいます。バスケットボール選手として活躍している時には向き合わなくて済んでいた吃音ですが、やめた後には大きく左右されてしまうことが分かります。

　　きちんと吃音に触れないできた人って、吃音に直面せざるを得なくなると
　　意外ともろいんだなぁって。言葉は違うかもしれないけど、吃音をごまか
　　して考えないようにしながら来たとしても、いつかどこかで向き合わない
　　といけなくなるかもしれない。それはあとになればなるほど大変になるん
　　じゃないかなぁ。　　　　　　　　　　　　　　　（『続編キラキラ』P.49）

　ボブ＝ラブの話から、ひげ先生は、吃音と早い時期から向き合うことの必要性を語っています。自分の話し方である「吃音」が、どのようなものなのか。そしてどのように向き合って生きていくのか。吃音に向き合うタイミングは人によって様々だと思います。成人の方が吃音治療のために言語聴覚士

の元を訪れたとしても、全ての方が吃音と向きあう準備ができている訳ではありません。

　新一には、幼児期には村井先生が、学齢期になるとひげ先生がいてくれて、そしてさらに、お母さんをはじめ周りにいる人たちは吃音のある新一を理解し、新一の話し方のままで元気に生活できるように手助けをしてくれます。そんな環境を『自分はとても恵まれているのではないか』と新一も言っていますが、正しい知識のもと必要な援助を得られた人は今はまだラッキーなのかもしれません。吃音の専門家が多くない現状がある上に、今、吃音臨床に携わっている専門家がみな村井先生やひげ先生のような支援ができているだろうか……。そう考えると、私はまだ自信が持てません。

　私が知っている吃音のあるお子さんで、新一と同じようにどもる話し方を、「これが私の話し方だから」と周りに伝え、のびのびとたくさんお話してくれる女の子がいます。幸運にもよい指導者に恵まれ、そして親御さんも一生懸命向き合ってこられたと感じます。その子はこの先、どんな大人になっていくのでしょう。吃音とどのように関わっていくのでしょう。新一はどんな大人になっていくのでしょう。縁があって私と関わることになったお子さん達にも、こうなってほしい、そう思います。

　この場面だけでなく、ものがたり全体を通して、吃音を探究すること、早い時期から向き合うことの重要性を教えてもらえます。そんな環境が、特別ではなくスタンダードになれるように自分自身が関わる方を支援し、そしてそんな社会になるように一つひとつ取り組んでいきたいと思っています。

　私が臨床でどう考えるべきか悩んだことに対する答えが書かれている場面

164 私も誰かの「ひげ先生」に

がいくつかあります。この部分を読んだ時には、ずっと持っていた疑問や悩みが解消され、まさに「目から鱗」の状態です。まずは4章『親の役割』で村井先生が、学校に授業中の配慮をお願いしに行った親御さんと学校の先生とのお話が書かれている場面です。

　授業中当てないようにお願いしたところ、『今はいいですが、これからもこのように特別扱いをしてあげることが本人の将来のためになるのでしょうか』と問い返されました。本来ならそこで不安になってしまわれますが、予測して事前に準備していました。もし、このような問われ方をされたら、『専門の先生と十分話し合った上で、今はこれが最善の方法だと判断した結果なんです。』とお伝えいただくようにしていました。先のことはそのときに考えても決して遅くはないということも。それで上手くいきました。（中略）便宜を図っていると考えたり、この先ずっとこのようにしてやらなければならないのかと考えたりする必要はありません。そうならないようにしていくのですから。　　　　　　　　　　　（『続編キラキラ』P.70）

　学校の先生に、吃音の理解と配慮を求めた時に、言われそうなことです。先生もそうですが、学校へお話することを言語聴覚士が提案した際に親御さん自身も考えることではないでしょうか。そんな時、こう理解するとよいのでは、こんな風にお答えしてはどうか、と教えてくれる場面です。自分自身、学校への配慮をお願いすることの意味をきちんと理解して、お伝えできることはとても重要であると感じています。親御さんも、どのように説明するのかあらかじめ準備しておけることはとても心強く、見通しを持つことができ

るのではないかと思います。

　２つ目は５章の「吃音の啓発」で、新一の母容子が初めて座談会に参加する場面です。私も座談会には何度か参加させていただいていますが、記憶に残るあのライブ感、臨場感がありありと表現されています。そこで村井先生が、吃音の「様子を見る」のではなく事前に対処することがなぜ大切なのかを話してくれます。

　子どもは、先生がいる場所でどもることについて問うことや、まねをするといった行為を避（さ）けようとします。ですから先生が子どもを丁寧（ていねい）にみていないということではなく、先生がいないところで起こっているんです。

さて、こうした状況があることを知らずに「様子（ようす）を見ましょう」としてしまうことは、問題の放置（ほうち）と何ら変わりはありません。「様子（ようす）を見ましょう」という言葉は子どもたちを見守るように聞こえます。ですが実際は、子どもがおかれている現状を子どもの側に立って考えてくれていないということになります。だれにも相談できないまま嫌（いや）な経験を重ねていき、我慢（がまん）をするしかなかった幼児期・学童期を送らせないであげてほしいのです。子どもからSOSが出される前にぜひとも事前に対処（たいしょ）してあげてほしいんです。
（『続編キラキラ』P.113）

　友達に、どもることを真似されたり、「どうして、あああってなるの」と聞かれていても、いじめやからかいで子どもが傷ついていると認識されるまで大人が行動を起こしにくいということは、私自身も経験したことがあります。何か言われても本人が言い返せるような強い心を育てたい、と思ってい

166 私も誰かの「ひげ先生」に

ました。一般的な「いじめ」に相当するような問題になった場合には、学校の先生に手紙を書いたり親御さんから先生にお話をしてもらったり、今考えると、なんとも不十分な対応しかできていなかったと反省します。「（緊急事態ではないですし、できることがないようなので、今はまだ）様子を見ましょう」と言ってしまったことがどれだけあったでしょうか。

　できることが見えていなかったのです。こういうことは教科書に書いてありません。作者の堅田先生はどうしてこう考えられるようになったのでしょうか。「キラキラ」を読んでいる人にとってはこれは当然のことになっていますが、言語聴覚士の中でも「事前に対処する」ということはまだ共通認識になっていません。

　吃音のこと、その子どものことを深く理解している臨床家が、力強く支えていくことで学校や園などの環境に理解を促す際の支えになります。この考えが広く浸透していってほしいと願います。

　学校の先生に配慮をお願いする際に大切なこととして村井先生がこう言っています。

　わが子のことを理解してほしいんだという話に終始しないことです。つまり、吃音を学ぶ学習の機会として考えてもらえないだろうかという提案をしていくことです。これから誰しも吃音がある人と出会う可能性があります。その時に正しい知識を持っていることは、相手に対していいことですし、また自分のかかわり方に自信が持てます。知らないことを理由に相手を傷つけてしまうことがないようにしていきたいですね。（中略）わが子

のことをお願いするのは言いにくいでしょうが、皆さんの利益（りえき）になること
としてお申し出をされるのなら、それほど言いにくいことはないでしょう。
（中略）吃音を正しく知る人が多くなれば、吃音に対して理解のある社会
に変わっていくはずです。まずはクラスから、学年からといったところで
しょうか。　　　　　　　　　　　　　　　　　　　（『続編キラキラ』P.120）

　私はまだ、自分が相談を受けたお子さんのことで、クラスや学年に、吃音
の学習会を開くことにつなげられた人はいません。現在、言語聴覚士を養成
する教育現場にいるため、臨床で吃音と関われていないこともありますが、
これまでの少ない機会の中でも、しかるべき時期に、適切な導き方ができて
いなかった未熟さを思い返して反省することばかりです。次こそは……と息
巻いてしまってはいけませんね。

　新一の母容子が、座談会に参加した帰り道、ひとりで思いを巡らせる場面
で、このようなことを考えています。

　その人の歩みやペースを大事にすること、それが相手を分かろうとするこ
とではないだろうか。　　　　　　　　　　　　　（『続編キラキラ』P.134）

　とても大切なことだなと感じます。必要なことだからという自分の思いか
らクラスへ伝えることを強く促し過ぎてしまうこともあるかもしれません。
まず親御さんが十分にその必要性を理解して、動機づけされていないと、そ
の後、園や学校へ理解を促していくことは難しいと思います。そのペースを

168 私も誰かの「ひげ先生」に

大事にすること、相手を分かろうとすることを心に刻んでいきたいと思います。

また親御さんの気持ちだけでなく、学校の先生や園の先生へ理解をもとめるように動く際にも、一度で全部分かってもらおうと考えず、相手の気持ちや理解を想像し、聞き取りながら進めていくことも必要になるでしょう。

最後に尊敬するひげ先生が、高校生になった新一に教員としての自分を振り返って話をしてくれる場面を引用したいと思います。

　最初のころはね、生徒の気になるところや問題点ばかりに目がいくようになってね。それが際立っている生徒に出会うと、ひょっとして○○しょうがいじゃないかって判断するようになっていったんだ。（中略）そうして、○○さん、○○くん、ではなくて、○○しょうがいの○○さん、○○病の○○くんという見方を強くしていったんだと思う。その人の問題やしょうがいにばかりとらわれてしまって、その人自身がどんどん見えなくなっていくんだ。

（『続編キラキラ』P.196）

子どもに信頼され、きちんと力になれる素晴らしい臨床家であるひげ先生でも、自分の臨床に悩み立ち止まることがあった。生まれた時から臨床家である訳ではないのです。成長していく経過があるのは当然なことですが、日々悩み、反省し、時には落ち込んでいる自分のことを考えると、臨床家として前に進んでいくために、必要な今なのだと思えます。ひげ先生と私の間には、大きな、高い山がそびえ立っているように感じますが、ひげ先生もひげ先生

の道を一歩一歩、歩んできたからこそ今があるのです。様々な本やことば、そして人との出会いに助けられながら、それぞれの道をそれぞれのペースで歩んでゆければよいと感じます。

　人と比べず、人のペースも大事にするように自分のペースも大事にしていこうと勇気づけられます。

　私自身はまだ、吃音臨床の現場で「キラキラ」を活かした仕事はできていません。頭でっかちで、できるような気がしているけど、できてはいません。大きくなった気がしていた頭も、気がしているだけかもしれません。いざ伝えようと思うと上手くできない。日々悩みが尽きないのです。

　吃音のことを分かってくれている社会なら、どれだけ生きやすいでしょう。新一とお母さんとひげ先生がした様に、１つひとつ「環境」に働きかけることを繰り返していけば、吃音のある人もない人も幸せな社会になるかもしれない。「キラキラ」は、そんなことを感じさせてくれる本です。

　私も「キラキラ」を携えて、たくさんの人に支えられながら、吃音のある人とその家族にとって力になれる、本気の言葉を伝えていける、そんな臨床家となっていきたいと思います。そして吃音に携わる臨床家が多く育ち、吃音のお子さんとそのご家族の隣には「僕の、私の“ひげ先生”」が居てくれますように。

　多くの人が「キラキラ」を手に取り、新たな吃音との歩み方に出会ってくれることを願っています。

170 登場人物の生き方に学び、支えられて、自分に向き合う

西尾 幸代

福井県特別支援教育センター勤務
年齢：50代
好きな言葉：実るほど頭を垂れる稲穂かな

登場人物の生き方に学び、支えられて、自分に向き合う

　私が堅田先生にお会いしたのは平成25年の夏のことです。当センターの研修講座の講師を務められ、その時、私は初めて吃音について正しく知る機会を得ました。その内容を拝聴した時は衝撃的でした。「吃音って波があるの？」「吃音って進展するの？」「自然な連発は出しておくといいの？」

　それまで私は、当センターの所員として8年間にわたり、教育相談を主な業務としていましたが、吃音の相談業務をした経験はなく、「言語聴覚士さんにつなぐこと」がその役割と思っていました。そして、吃音を専門とする言語聴覚士が少ないという現状も合わせて知りました。

　私は言語聴覚士ではないけれども、何かできることがあるのでは？

　そんな思いが湧き起こってきました。そして、「キラキラ」に出会います。（吃音について勉強してみよう）と読み始めたのですが、とても感情移入しやすく、物語そのものに一気に引き込まれてしまいました。自分もその場に

同席させていただいているような錯覚に陥っていました。それだけ、登場人物の琴線に触れることばの数々ややりとりそのものの深さに圧倒されたのです。著者である堅田先生は、実際にこんなふうに多くの方とやりとりされてきたに違いないということが想像できました。

　読み終わると、今度は吃音の相談に限らず、私のこれまでの相談のやり方について自責の念が激しく湧き起こり、涙があふれ、しばらく止まりませんでした。しかし、今ここに、モデルとしてのひげ先生に出会わせてもらえたのだという不思議なご縁をとても感じたのでした。

　「キラキラ」の巻末にあった廣嶌忍先生のメッセージのなかにも、

　……確かに、初めからひげ先生のようにどもる子どもの気持ちを理解できている人は少ないかもしれません。しかし、ひげ先生は特別な人ではありません。吃音を知ろうとすること、吃音のある子どもの思いを大切にしようとすることの重要さが分かれば、だれでもどもる子どもにとってひげ先生の存在になれる、あるいは近づけると堅田さんは訴えられているように感じます。

ということばもあり、自分の課題に再度向き合おうと強く思いました。

　研修講座から２週間後、堅田先生が７年の歳月を経て「続編 キラキラ どもる青年のものがたり」（のちの『少年新一の成長記』）を脱稿されたことを知りました。その歳月の重みにも胸が締め付けられました。新一さん、お母さん、ひげ先生はその後どういう生き方を自ら選んでいくのだろうかと、続

編も早く読みたいと思いました。

　しばらくして私は、堅田先生にもご協力いただいて、当センターのHPに「吃音の理解啓発コーナー」を立ち上げました。しかし、翌年4月に、特別支援学校に異動となりました。その後も、堅田先生から「福井にも、しんどい子どもたちや保護者、そのご家族がきっといると思うよ」といわれたそのことばが私の耳にずっと残りました。「キラキラ」の一節が何度もリフレインされます。

　「僕、ちょっとしんどいねん」
　むねがいっぱいになって、押しつぶされそうになるのをがまんしながら新一は思いをひとつひとつ言葉にしていった。声がふるえて、息苦しくなって、泣くのをがまんしながら最後まで言いきった。ひげ先生はなにも言わなかった。じっとだまって聞いていてくれた。（中略）「なんでそんなつらい思いせなあかんねんやろなあ、なんでやねんなあ、なんでやあ」ひげ先生は、かすれた声で何度も何度も「なんでや」と、誰に言うでもなく声をしぼり出していた。

　平成26年8月、私は堅田先生が大会長をされた日本吃音・流暢性障害学会に参加し、「親の語り、当事者の語り、グループ・ファシリテートの意義と方法〜出会いと分かち合い〜」のグループワークの見学にも加わりました。私は保護者のグループでした。学校で担任の先生になかなか理解してもらえないしんどさや説明される際の心情にも触れ、私は保護者に同行できる

人が必要だと感じました。しかし、同行する代わりに、その応援団として、この「キラキラ」の存在がとても大きいことも知りました。さらに、その後、長野県の東御市民病院の餅田先生から、大阪の吃音親子の会と長野の親の会で集まった方々の感想を綴った『キラキラを胸に』という冊子をいただきました。保護者でなければ書けない感想の数々に心を揺さぶられ、「キラキラ」を読まれた方とつながっていくことに魅了されました。

　平成29年4月、私は縁あって、再び当センター勤務になりました。今度こそ吃音の理解啓発活動や相談を始めようと気持ちを新たにしていました。
　折しも、5月に大阪で「吃音のある子どもをもつ親の座談会」があることを知り、私は初めて参加することにしました。まさしく、「キラキラ」の続編で描かれていた親の座談会が目の前で展開されました。自分のことやその時に感じたこと、悩みなどを安心して語ることができる場でもありました。自分の気持ちをことばにして伝えるのは難しいことだと思うのですが、それにチャレンジしている語り手の方々に敬意を払うと同時に、聴き手となる方々の真摯に耳を傾けているその様子も肌で感じることができました。
　その一方で、午後の演習では、堅田先生から、「では、吃音とは何かをお隣の方に説明してください」「進展とは何か、お子さんにはどう言いますか？」などの指示に、全く説明できない自分がそこにいました。「説明」というより「ことばにできなかった」という方が正しいでしょう。自分なりに吃音の基礎の勉強はしたつもりでいたので愕然としました。お相手の方に何か言わなくてはと取り繕うほど、余計なことばを発してしまいます。ごまかそうとしたり、安易に助言しようとしたりする時に、ふっと口にしてしまうその「こ

とば」こそ、誤解を生み、信頼関係をも崩すような状況を作り出してしまうことに気づきました。表情も取り繕っているような感じになってしまいます。吃音について正しく伝えなければ、間違ってはいけないと思うほど硬くなってしまう自分がいて、何を言っているのかも分からなくなってくる感覚を味わいました。すぐにでも、吃音の理解啓発活動に踏み出そうとしていた私でしたが、不安でいっぱいになりました。

　その夜、参加者の方々が集まって座談会のことを振り返りながら談笑している時に、堅田先生からふいに「福井はこれからどうしていくの？」と問いかけられたのです。しかし、その日の座談会でのこともあり、私はことばに詰まってしまい、正直どうしてよいのか分からず途方にくれ、何か言わなければと思うほど余計なことばを発してしまい、その場にいることがいたたまれなくなりました。しかし、翌日、お母さん方から「そうやって動いてくださろうとしてくださるだけでとても嬉しいから」ということばをいただきました。そのことばは、私に新たなパワーを授けてくださるものとなり、「吃音の正しい理解啓発ができるようになりたい」という本当の決意をするきっかけにもなりました。

　そんな時、「キラキラ」の赤い帯のことばが目にはいります。堅田先生からの「誰もが知っている……。でも、きちんと理解している人は、あんまりいない……」というメッセージ。そうまさしくこの私のこと。再度「キラキラ」をじっくりと読み始めました。

　保護者の方に、ご本人に、園や学校の先生にはどう具体的に伝えたらよいのか？　子どもの周りにいる人には？　保護者の周りにいる人たちにはどう伝

えたらいいのか？ 幸いにも「キラキラ」のなかに、その伝え方の具体例が掲載されています。そこに書かれていることばは、おそらくこれまでの堅田先生ご自身の長年の経験のなかで洗練された、積み上げられた「ことば」でしょう。座談会でも、保育士の方から「3歳児・4歳児の子どもたちにどう伝えたらいいのか」とか、保護者の方から「周りの大人やすれ違いざまに間違った知識で子どもに声をかけてくる人にどう話したらいいのか」という話がありました。「キラキラ」は勿論、それですべてではなく、そこを起点としてさまざまな状況に合わせたことばの工夫や発見が必要になってくるものなのだと感じています。

　私はまず「吃音ガイダンス」から始めることにしました。相手の方の心に訴えるためにも何度も何度も声に出して練習しました。そして、まさに、私も勇気をもって「キラキラ」を携え、まずは、嶺北地区の3歳児健診が行われるすべての市町の担当者のもとへ足を運んでの理解啓発活動がスタートしました。
　どこでも「え、知らなかった。初めて知りました」「吃音について間違った理解をしていました」の声。HPだけの掲載ではやはり理解啓発にはつながらない。こうして、人と人が会って、やりとりしてはじめてつながるものだということを実感しました。話を聴いてくださった保健師さんが、園長先生や保育士さんの集まりにつないでくださることもありました。こうして、足を運んだのが20か所以上になりました。何度も何度も、「吃音ガイダンス」を行うことで自分自身の理解もより深まっていく感じがしました。12月には大雪の夜にもかかわらず、85名の方が参加してくださいました。

176 登場人物の生き方に学び、支えられて、自分に向き合う

　理解啓発活動にいくたびに、私はもう一度「キラキラ」を読み返します。始まる前の緊張や不安な気持ちがある私の背中をそっと押してくれます。保護者の方もきっとこういうふうに「キラキラ」に背中を押してもらっているのだなと思いました。「なぜ、吃音のことはそっとしておくのでしょうか」そう参加者の方に問いかける私の声にも自然と力が入ります。

　また、私自身もセンター所員と共に、吃音の相談を受けるようになりました。保護者の方や子どもたちのことばが「キラキラ」と同じだったりします。今では「キラキラ」を読み返す時、相談させていただいているご本人や保護者の顔が浮かびます。ご本人にとって、保護者やご家族にとって、支援者にとって、吃音にどう向き合っていくのか、それはお一人お一人にとって深い課題でもあります。私も今、その一歩を踏み出したばかりです。

　「キラキラ」を読む時に一人の登場人物に思いをはせながら読むこともあります。特に続編では「自分に向き合う」ことの大切さを教えられました。
　主人公の新一さんの語る「ことば」がその生き方を示してくれています。新一さんは周辺の人とのやりとりを通して、大事なことを学び、成長していきます。特に、新一さんがすごいのは、人から投げかけられた課題を真摯に受け止め、その課題に対して自分なりに向き合いながら自分のことばで整理し、表現しようとするところです。

　吃音はマイナスではないと思うし、確かにつまるのはしんどいし、早くいいたいなあって思うことはあるけど、でもこれが僕だって思うんです。

吃音は個性とは少し違うと思います。たしかに吃音を持っている人と持っていない人では違いがあります。しかしぼくらは、話すのが苦手でもなく、緊張しているからどもっているわけでもありません。ただ普段の話し方がこのしゃべりになるだけです。だからぼくは「個性」というよりも「これが自分なんだ」といった方がいいと思いました。

けどぼくは、吃音について一番伝えたかったのは、障害を持っている人への偏見を持たないでほしいというのがぼくの伝えたいところです。自分と少しでも違うと「こいつは自分とは違う、おかしい」と思ってしまうのが偏見へとつながってしまうとぼくは思います。

「……僕は吃音をもっと皆に知ってもらいたいなあって。だからもっと勉強したいし、ハ話し方とか、人ともっと会ってみて勉強してみたいです」「キ教師とか、大学で吃音の研究したり……」「ヒ人の相談にのれるような仕事もいいかなって」

このように、自分の生き方を自分で考え、ことばにし、決定、修正していくことはとても大切です。そして、そういうふうに新一さんが自分に向き合い、語れるのは、傾聴してくれるひげ先生のような存在も大きいと思います。

　容子さんはその姿勢や行動から生き方を示してくれました。
　新一さんの母親として、子ども扱いしないで悲しみや苦しさも含めてきちんと答える姿勢、子どもであっても、一人の自立した人としてかかわれるそ

んなしなやかさも感じます。何度も学校に出向き、新一さんを取り巻く環境に自ら働きかけていく行動力。どんなに緊張されたでしょう、勇気がいったでしょうか。「新ちゃんだけでなくて、吃音のある人があたり前に分かってもらえている社会になるようにと小さくてもいいから役に立ちたい」ということばにも容子さんの生き方が見えます。

　村井先生は「専門家」としての生き方を示してくれました。
　吃音のガイダンスをいつもご本人や保護者の方に分かりやすく適切に説明され、誤解されている吃音の理解についてはきっぱりと「違う」と言い切ります。また、これから先の見通しも含めて、何を準備しておくとよいかについても示してくれます。専門家として、吃音に向き合う親子の成長をずっとあたたかく見守りながら、親子からも学ぶ姿勢を持ち、一人ひとりの気持ちや考えをも大事にされていく。病院という、限られた空間・時間での出会いのなかで、専門家としての仕事を果たす、そんな凛とした生き方に憧れます。

　そして、ひげ先生は当事者の方や保護者の方にとって「共にある、そばにいる」その存在そのものです。決して、ものの見方や考え方、物事を押し付けることなく、相手の考えや思いを大切にしながら、ことばになるまで待ち、一緒に考えてくれます。どんなにか新一さんや保護者にとって安心できる存在でしょうか。さらに、新一さんに課題・難題を投げかけながら、ひげ先生自身もそれらに共に迫っていこうとする、だからこそ対等の関係にもなれるのだと感じます。つまり、ひげ先生が紡いでいく「ことば」は、ひげ先生ご自身に向けられることも多く、だからこそ新一さんに寄り添えたり、学べた

りできるのかもと思いました。また、ひげ先生は「自分の役割って何だろうか」「何を大事にしていこうか」、つまり、「自分を生きる」ことについて常に探索されているようにも感じました。対人援助職として常にこうあらねばとか、こうしなければということにとらわれず、「自分の心の声にも耳を傾けながら向き合っていけばいいよ」というメッセージが伝わります。

　さらに、「キラキラ」のなかで感じ取れる匂いや空気感、音などは、実は「生」への問いかけでもあるようにも感じるのです。それぞれにあるがままの自分を認めながら、丁寧に精一杯「生きていくこと」を応援いただいているように思うのは私だけではないと思います。読むたびに得られる新しい発見は、この本と向き合う自分の成長をも感じ取ることもできます。

　立ち止まることもあります。動けないこともあります。不安になることもあります。泣きたくなることもあります。しかし、自分のそばにいる新一さんや容子さん、村井先生、ひげ先生のような方の生き方に学び、支えられて、一歩ずつ前に進むことができそうな、そんな気持ちになります。読者の皆様も、この登場人物が決して空想の人物ではないことはもうすでにお気づきでしょう。そういう生き方をしている方に実際に出会うからです。だからこそ、「キラキラ」は人と人がつながっていく原動力になっているのではないでしょうか。

藤本 依子

大阪市立大学医学部附属病院勤務
年齢：40代
好きな言葉：中庸

胸の中の「キラキラ」を見つけて

　言語聴覚士として働き始めた頃は、回復期と呼ばれるリハビリ病院で成人の言語障害に対する言語リハビリを主に行っていました。2人目の子を出産した直後、息子は別病院へ救急搬送され、NICUへ入院しました。そのことをきっかけに、小児分野で働くことを決意しました。そして、吃音のある子ども達と出会う機会が少しずつ多くなり、吃音について改めて学び直していく中、吃音のある子どもをもつ親の座談会に参加しました。

　恥ずかしながら、吃音の子ども達と出会うまで吃音についてはほとんど知らないに等しく、養成校で勉強したこともほとんど覚えていない状況でした。座談会では教員や専門職の方が吃音についての正しい知識を得ることができ、吃音をもつ子どもの保護者の方々は気持ちが楽にあたたかくなっていくようでした。終了時のみなさんの柔らかい笑顔や雑談しながら帰り支度をする姿から、未来へ向かう元気をもらえたような、そんな空気に包まれていました。素敵な場所だと感じ、現在はその場所を継続したい想いで微力なが

ら自身の病院を会場として、堅田先生と親の会の方々を迎え座談会を開催しています。

　取り囲む環境が変われば、吃音のある子ども達も過ごしやすくなります。「キラキラ」を読んで、なぜ「吃音の啓発」が大切なのか、オープンに話して、担任の先生やお友達にわかってもらうために手紙を書く方法もあるんだ、と理解できても、そう簡単にはいきません。環境を変えるということは容易なことではありません。そこには時間もかかることがあり、仲間を少しずつ増やしながら地道な作業を一緒に乗り越えていくことが必要なのではないかと思っています。これは大事な作業ですが、とてもエネルギーが必要です。常に前向きに進んでいけるなら、実際に行動に起こしているはずなのです。

　多くの保護者の方がそれをすぐにできないのは、子どものこと、先生のこと、クラスメイトのこと、兄弟のこと、家族のこと、そして自分自身のことをたくさん考えてしまうからではないでしょうか。わかっていても行動に移せない、まだ大丈夫、友達からからかわれていないし、そもそもそんなに本人も気にしていないし、でもひどくなってからでは遅いかも、担任の先生に面倒な保護者だと思われるのでは……。ひどくなったときにはもっと悩んでしまいます。一歩を踏み出すのには本当に時間がかかってしまうこともあるのだと思います。それは当然の心の動きであり、その気持ちに寄り添うことは私の中で一番のテーマでもあります。様々な気持ちの側面で「キラキラ」をまた読み返して欲しいと思います。保護者の方の胸にもいろんな形の「キラキラ」を見つけることができると思うのです。

182　胸の中の「キラキラ」を見つけて

　言語室には時々どもってしまう方が来院されます。小さな子から大人まで。
　数年前に一人の男の子がお母さんと来院されました。彼は小学2年生でした。シュッとした面持ち、体は細く、少し声の高い子でした。まずお母さんから、「今まで私は全く気づかなかったのですが、父親がこの子が音読するのを聞いたときに気づいて……。本人に聞いたら、『実は……』といっぱい思いを話してくれて、とても辛かったみたいで。そこからひどくなり始めて、今少し落ち着いてます」と。既に彼は自分の話し方について自覚があるようでした。

　彼と吃音について話をしてみると、気づいたのは1年生の終盤で国語の音読のときに「あれ、おかしいな」と思ったそうです。ことばが出なかったと。どんな風になってしまうのか尋ねると「おおってなる、ことばが出ないこともある。言い換えは、前はしていたけど、今はしないようにした」と。どんなときに困るのかな？「学校で音読するとき。長い文章の発表が一番困る。1年のときはよく手もあげていたけど、つまるからあんまりあげない。家でもどもっちゃう」と素直に話してくれました。話し方は少しだけ早口で、ことばの最初を軽く繰り返したり、話しはじめに間があったり、時々ではありましたが声が裏返ってしまうこともありました。音読が特に苦手で、母親に想いを打ち明けてからは、音読の宿題もできないくらいかなり過敏になっていたことがわかりました。

　学校の先生と相談して音読の宿題は免除になったのですが、周りと同じように宿題ができないことに罪悪感を感じ、読んでみようとしては挫折したり、

ひどいときには周りがしゃべっているのを聞きたくないと言ったり、心の中で話していることばもつまっている気がすると話し、ここ最近は吃音のことで泣いて寝れないなどが続いていたと。

　吃音についてのガイダンスを行い、軽くどもっていることはかえって楽になったり、吃音が減ることもあると話しました。瞬時にこの子に「キラキラ」を読んでほしい。そう思い、紹介しました。

　２回目の来院のとき、彼は大好きな話は楽しそうに自発的にお話をしてくれましたが、吃音の状態についてはというと、「最近は多いと思う。学校も家も同じくらい。音読はできるようになってるけど。１日の中で10回どもったらひどい」と、本人の吃音の評価は厳しいものでした。お母さんからはとにかく自己評価が低く、担任もそこだけが気になるところと言われたとお話がありました。「キラキラ」は寝る前に音読してあげているとのことでした。「本人が気に入っているようです。読んでほしい、吃音のある子の話が聞きたいと言って。読んであげるとすぐに寝てしまってるんですが」と微笑んで教えてくださいました。

　少しずつ彼の中で何かが変わってきていました。彼は野球という大好きなものに挑戦を始めました。野球チームの見学に行き、所属チームを決めて自分自身がプレーすることを始めました。野球がうまくできたり、できなかったり、やがて野球が彼の心に少しずつ侵入していくのが話していてもわかりました。

　吃音には波があります。その度いろんな話もし、いろんな話し方に挑戦し

184 胸の中の「キラキラ」を見つけて

てきました。お母さんはその度に学級担任と発表の方法を話し合ったり、スクールカウンセラーにも相談したりしていました。来院は今も続いています。来院当初と比べて、吃音に対しての自己評価が本当に少しずつ少しずつ緩んできました。一日の中で吃音が彼の多くの部分を占領していたのに、今はほんの一部になっているようです。「しゃべるの最近はどうかな？」と聞いてみると「ん〜、わかんない。普通？　たま〜にあるくらいかな」と当初の彼からは想像できない返事が返ってきます。音読は？「まあ、時々はやってるよ」相変わらず音読は苦手意識がまだありますが。彼の中に「キラキラ」を見ているような、そんな気持ちになることがあります。

　つい先日、娘の保育所にお迎えに行ったときのことです。どうもお友達の一人が最近どもってしまうようでした。担任の先生は「たくさんお話したいときになってしまうみたいですね。気になるようでしたら、専門の先生に診てもらえる病院を知っているのでいつでも聞いてくださいね。ただ病院といっても、なおしたりとかそうゆうことをするわけではないようです。いろんなお話が聞けて、どうしたらいいかアドバイスももらえるみたいです。今は特にお友達から何か言われたりとかもないですし、みんなも気にせず楽しそうにしていますが、これから年中、年長になる中で少しずつお友達も気づいてくると思います。どう接したらいいかなとか参考になると思います」と話されていました。

　吃音について曖昧にするのではなく、少しずつ、専門家へつなぐルートができていることに嬉しく思い、この場ではでしゃばるのをやめました。病院へつながれば「キラキラ」と出会うかもしれない。出会わなかったら、私か

らプレゼントしよう、そう思っています。

　当初は吃音のある子どもに真っ先に読んでほしい！ こんな本を待っていたと思っていました。「キラキラ」を読み、勧めてきて数年経った今は別の思いも広がってきました。まだまだ吃音について知らない人が多いのは事実です。担任の先生に真似をされた（担任はきみなら笑い飛ばしてくれると思った）、担任の先生から「いじめられたら困るから病院で診てもらってはどうでしょうか」と勧められた、というお話を聞きます。その度に、なんとも言えない気持ちになります。吃音のことを知らないだけの問題なのかな？ と、腹立たしくさえ思えます。「キラキラ」は確かに吃音をもつ子どもの物語です。しかし、そこには吃音を超えたもっと大事なことがあると教えてくれます。

　もっと、たくさんの人が吃音という観点からだけでなく、この本を読んでほしいと思います。新一という一人の男の子の物語として。そうすれば、自然と多くの人が「吃音」を知ることができ、そして「いじめ」というもっと大きなテーマについても考えさせてくれるのではないかと感じています。身近なところに吃音とは無縁の息子がいました。まずは小学４年生になった息子に読んでもらおうと勧めてみました。「え〜っ」と読書が特別好きでもない息子は乗り気ではなかったのですが、その場で音読を始めてくれました。渋々読んでいた彼ですが、すぐに物語に引き込まれたようです。次の日も自分から本を手にしたのです。

　息子に「吃音ってわかった？」と聞くと、
　「え？ いや、わかんないけど、お・お・おはよう、とかなっちゃうこと？」

186 胸の中の「キラキラ」を見つけて

「そうだよね。お友達とかで周りにいる？」
「おらん、おらん」
息子は鈍感なので気づいていないかもしれませんが、
「最近、○○（次女3歳）がなってると思わん？」
息子はしばらく考えて、
「あ〜なってる、なってる。マ、マ、マ、ママとか、俺の名前言うときも！」
「そうだよね〜」

　なぜか二人ともニコニコしながら次女をみていました。息子の優しい優しい笑顔が嬉しかったです。

　そう、実は私の一番下の子どもは現在どもっています。これから一体どうなるのか、わかりません。吃音を多少知っているからといって、お手本のようにできるともとても思えません。それでも、「キラキラ」や吃音をもつ子ども達と、その保護者の方から多くのことを感じ、学ばせていただいたからこそ、「そのままでいいよ」と自信をもって言えることに感謝しています。

　相談に来られるすべての保護者の方や子ども達の中にある「キラキラ」を見つけていくお手伝いをしていきたいと思います。吃音の有無に関わらず一人でも多くの人の手に「キラキラ」が届きますように。たくさんの人の心にキラキラが生まれますように。

野々山 直美

広告印刷業・言語聴覚士
年齢：30代
好きな言葉：なんとかなるよ

少しでも「私のせい」と思っているお母さんへ
- 7年間『息子の吃音は育て方のせい』と自分を責め続けた私が、
 キラキラに出会って、自分を許せ、息子に「ありがとう」と言えるまで -

「ととと……とうと（父親のこと）」

話し始めるのが早かった長男、さくなりが吃り始めたのは、2歳半ぐらいで、ちょうど、下の子が産まれた頃でした。吃音に対する知識は、何もなく、小さい内はこんなものだろう、と思っていました。

「さくちゃん、吃るでしょう？ もうちょっと、
　優しくしてやったらどうかね〜」

ある日、お義父さんとお義母さんが、アパートに訪ねて来て、こう言ったのでした。

長男は、吃りはするけれど、ショベルカーが大好きでとにかく元気。突然、走り出したり、高いところからジャンプしたりするので、目が離せず、ついていくのに必死でした。言うことを聞かないことも多く、わがままにも見える長男は、私が甘やかすからだと、私の両親からも、夫の両親からも言われ、

188 少しでも「私のせい」と思っているお母さんへ

悩んでいました。そんな時だっただけに……

普段、甘やかすなと言っていた2人が、どうして？？？
吃るって、私がしかるせいだと思っているの？？？
しかると、吃るの？？？

　何も知らない私は、この一言で、色んなことが頭を駆け巡り、お義父さんお義母さんが帰った後、インターネットで「吃る」「吃音」ということをとにかく、調べました。「しつけが原因」その言葉を見つけた時に、何とも言えない気持ちになりました。吃音以外にも、行動面にも育てにくさがあった長男は、着替えを極度に嫌がったり、力の加減ができずにお友達をたたいてしまったり、じっとしていられずにお店でも走り回ったり、ご飯を粘土のようにこねて遊んで、あちこち汚してしまったり……。手足を押さえて無理やり着替えさせたり、ご飯を口に入れたこともありました。手をあげたことだってありました。今思えば、育てにくさをたくさん持っていた子でしたが、当時は、初めての子だったこともあって、「子育ては大変だな〜」と、思いながら、時にやるせなさを感じながら、でも、働きながら必死で子育てをしていたように思います。
　インターネットで「ゆっくり関わるように」という言葉を見つけた時、何とも言えない程に後悔しました。当時、広告の営業をしていた私は出産後、同期に遅れをとっているような気がし、とにかく早く復帰したくて、周囲の反対を押し切り、長男が1歳になる前に職場復帰したこと、大変だとわかっていても営業職を続けたかったこと、まだ1歳になるかならないかの長男

を延長保育までお願いし、働き続けたこと、締切りの前は夜10時を過ぎても帰れなかったこと……。一つひとつ、何もかもが、私のせいだ、と、突きつけられたようで、どうしたらよいかわからなく、途方にくれました。インターネットには、言語聴覚士が吃音の治療をしてくれると書いてあるものの、どこにどう相談に行ったらよいかがわかりませんでした。他県に嫁ぎ、フルタイムで仕事中心の生活をしてきたために、近くに相談できる友人もおらず、どこに助けを求めたらよいのか、何もわからない……。仕事を続けようと思った私が悪いのでは？でも、私が働かないと、収入はなくなってしまう……。

　一人で考え、考えて、どうせ働くなら、少しでも息子のためになる仕事をしたい。もっと、息子のことをわかってやりたい。吃音のことをもっと、知りたい。半ば、息子への償いの気持ちで、退職金を全てつぎ込んで言語聴覚士の養成校に入学しました。言語聴覚士になろうと思いました。それが、私が息子のためにできることだと、あの時は思い、疑いませんでした。

　今、思います。あの時、「キラキラ」に出会えていたら、と。

　息子は、お話が大好きで、吃りながらもたくさんお話をしてくれました。でも、そんな息子を見るたびに、息子が吃るたびに、私のせいで……と、辛い気持ちになっていました。

　言語聴覚士の領域は広く、吃音を専門にされている先生はとても少ないことを知りました。それでも、もう後には引けない、と、子育てをしながら、言語聴覚士になるために、勉強を続けました。子どもを寝かしつけてから家事をして、朝は3時に起きて勉強する、という生活に耐えられたのも、長

190 少しても「私のせい」と思っているお母さんへ

男が吃音になったのは私のせい、長男に申し訳ないという思いがあったからでした。養成校で、一番学びたいと思っていた吃音の講義は少なく、全体の 10％にも満たないものでした。その吃音の講義も、『環境調整』という治療を学ぶ中で、「子どもに『ダメ』と言うことをやめる」という内容があり、やはり私が「あれはだめ、これはだめ」、と言っていたことがいけなかったのでは、と、感じました。吃音について学べば学ぶほど、どうしても辛くなるのでした。長男はその頃、吃音が出たり出なかったりする時期だったこともあり、周囲には、「気にしすぎ」と言われていました。そう言われると、「気にする私がいけないのかな……」と、結局自分を責める、という悪循環にはまっていました。

　2 年間の学生生活を終え、言語聴覚士として働くことになった頃、長男は年長になっていました。会話も楽しめるようになっていましたが、繰り返したり、引き伸ばしたり、詰まったり……。聞き取りにくいこともありました。今はよいけど、小学校に上がった時に、皆にからかわれないかな、いじめられないかな、友達ができるかな……。色んなことを不安に思い、当時住んでいた人口の多い町を離れ、長野県の私の実家のある小さな村へと引っ越しました。1 学年 10 人程の小規模校なら、皆と仲良く学校に通えるのでは？ あの時はそんな風に思っていました。
　言語聴覚士の仕事は、摂食嚥下の訓練がほとんどでした。その中で、だんだんと、自分と同じような思いをしているお母さんの力になりたいと思い、少しずつ、小児の患者さんも担当させて頂くことになりました。ですが、お母さん方の気持ちを大切にしたい、と思う一方で、「お母さんのせいではあ

りませんよ」と言いはするものの、どこかに引っかかるものがありました。私自身が、まだまだ、自分を許せていませんでした。本心から思っている言葉ではありませんでした。だんだんと、苦しくなっていきました。仕事は忙しく、ゆっくり息子と関わる時間もなく、いつも、これでよいのかな、これでよかったのかな、そんな風に思いながら、どうして言語聴覚士になったのかも忘れそうなぐらいに、ただただ、毎日に慣れることに一生懸命でした。ゆっくり患者様に関わることよりも、より多くの患者様の評価をより早く正確にすることを求められる日々に、いつの間にか、言語聴覚士を志した目的をも、忘れかけていました。

　言語聴覚士になって、３年目のある日、吃音をテーマにした講演会がありました。講師は国立リハビリテーションセンターで長く吃音の治療に携わり、２年前に長野県の東御市民病院に着任された、餅田亜希子先生でした。それまでにも、吃音の研修は、色々受けてきていました。息子のことがわかりたい思いと、自分の気持ちを少しでも軽くしたい思い、と。でも、いつも、吃音というものはわかるようになるのだけど、結局、何をどうしたらよいのかが、よくわかりませんでした。新しい訓練方法を学んでも、どういう風にやってみようかと、考えるのだけれど、やっぱり、何を頑張ったら、子どもやお母さんが楽になるのか、わかりませんでした。自分自身も知識は増えていきました。ですが、心は楽になりませんでした。ずっと、楽ではありませんでした。吃音の知識が増えても、長男に、どうしてあげたらよいのかは、わかりませんでした。なので、同じように悩まれている方にも、何を伝えたらよいのかが、わかりませんでした。

192 少しでも「私のせい」と思っているお母さんへ

「また、同じような思いをするだけかもしれないな」、と思いつつも参加した講演会でしたが、私はその講演会で、お話を聴きながら、涙が止まらなくなってしまいました。餅田先生の臨床の動画を見ました。吃音のある女の子が、先生の治療が進んでいくにつれて、本当によい笑顔で笑っていたのが、印象的でした。

餅田先生は、優しい口調で、しかし、ハッキリとおっしゃりました。

「吃音は育て方のせいではありません。」

「吃音は治らないといわれているけれど、だからといって何もできない訳ではありません」、と。

餅田先生の、素晴らしい訓練の動画を見た後で、その一言、一言が、嘘ではなく、本当のことだと思えました。

長男が吃音になってから、7年の月日が流れていました。

それから餅田先生のお手伝いをさせて頂けることになり、ある日、「キラキラ」を紹介して頂きました。仕事と育児で、ゆっくり本を読むこともなかった私でしたが、「キラキラ」は、子どもを寝かしつけた後に、むさぼるように、読みました。涙と鼻水を滝のように流しながら、読みました。

私が、ずっとずっと、知りたかったことが、こんなにもわかりやすく、たくさん、書いてある。

教科書や専門書を読んでも、わからなかったことが、書いてある。

私もずっと、こんな風に、言ってもらいたかった。
こんな風に、息子をわかってやりたかった。
こんな風に、息子と関わってくれる人に、会いたかった。
私は、こんな風に、息子にしてやりたかった、と。
声を出して、泣きながら、読みました。

　新一君のお母さんが、「全部自分のせいなんだろう」って、思う気持ち、大好きだった幼稚園の先生の仕事を辞めると決めた時の気持ち……。そして、今、これでよかったと思えるようになったという気持ち。まるで、自分のことが書いてあるかのようでした。私の気持ちを代わりに言ってくれているようでした。
　そして、ひげ先生の、"いくら知識があっても、その人が吃音をどのようにとらえているかということが重要な気がするんです"という言葉。その言葉に出会った時に、「あ〜、そうか、『とらえ方』だったのか」と腑に落ちました。いくら知識があっても、吃音を「たいした問題ではない」と、とらえている人と話す時に、私は寂しい気持ちになっていたのだと、ようやく、ようやく、わかりました。

　7年の間に、凍りついていた心が、ゆっくりとゆっくりと
解けていくようでした。

「気にしすぎ」と、真剣にとらえてもらえないことが続くと、人は、
本当は大丈夫ではないのに、「大丈夫」、と、言ってしまう。

194 少しても「私のせい」と思っているお母さんへ

それを繰り返す内に、「大丈夫」が何か、わからなくなってしまう。
自分の本当の気持ちが、わからなくなってしまう。
誰かに伝えることさえも、諦めてしまう。
「こんなこと、気にする自分がだめなんだ」、って、思ってしまう。
自分を責めて、閉じこもって……。

本当は、誰かに話を聞いてもらいたい。
「たいしたことない」と、決めつけないでほしい。
目に見える問題ではないけれど、目に見えないことほど、
誰かに話せないことほど、本当は、誰かにわかってもらいたい。
わかってもらいたいことは、「吃音」っていうものだけじゃなくて、
「吃音」がありながら生きている「ボク」のこと。
わかってもらいたいことは、「吃音」と生きている、
これからも生きていく、「ボク」のこと。

読み終えた後、そんなことを、思いながら、涙が止まらなくなりました。

「吃ってもいい」だけではなくて、「吃りたくない」という気持ちも、
大切にしたい。

そう、ひげ先生は思って、言ってくれている。
「吃ってもいい」だけでも、「吃らないように、こうしよう」だけでもなく。
今日思ったことが、次の日はやっぱりこっちかな、って思うことは誰にで

もあって、ひげ先生はそれもちゃんと、それでよいと受け入れてくれている。

　私は、揺れ動くことを、弱いと言われているような気がずっとしていました。今日は「大丈夫、やっていけそう」、って思っても、何か嫌なことがあると「もうだめだ」と思ってしまう。そんな風に思うことを、弱いと捉えるのではなく、揺れ動くことを認めてもらえて、気持ちに寄り添ってもらうことが、どれだけその人を強くするか。そんな様子が、丁寧に、丁寧に描かれていて、これまでの自分と重ね合わせながら、これでよいのだと、これでよいのだと、今までの苦労も全部、これでよいのだと、思えたのです。

　「キラキラ」に出会って、私も、息子も、このままでよいのだと思えました。

　他にも、自分の気持ちを大切にすること、自分は誰かに大切に扱われてよいということ、それは当たり前だということ、人に大切に思ってもらうということが、どういうことかということ、大切に思ってくれる人に出会えた時に、どんなに人は元気になるかということ、生きる力を取り戻せるかということ。吃音があるからといって、いえ、吃音だけでなく、何かを抱えているからといって、引け目を感じる必要はなく、誰かに遠慮する必要はなく、何かを諦める必要はない。「キラキラ」に出会って、私は、そう感じたいと思っていたことを、そうだと、確信できるようになりました。

　長男は今５年生になりました。
　吃音は軽くなったけれど、読み書き障害で、算数や、漢字を書くことに苦労しています。そんな長男を、私は、今、「読み書き障害」だけではなく、「読

196 少しでも「私のせい」と思っているお母さんへ

み書き障害があるけれど、頑張って生きている長男」として、わかってやり
たくて、何もできないけれど、なるべく一緒にいてやりたくて、フルタイム
の仕事を辞めました。でも、吃音の時のように、償うような気持ちではなく、
本当にそうしたいと思い、そう決めました。

　「キラキラ」に出会って、私自身も、自分を大切に思う気持ちを取り戻せ
たように思います。少しですが自分の気持ちが、自分でわかるようになり、
誰かにわかってもらいたいとも思うようになりました。「どうせ誰もわかっ
てくれない」って、思っていた頃がウソのようです。

　　堅田先生が「キラキラ」を書こうと思ってくださったこと。
　　本当に、書いてくださったこと。
　　餅田先生に出会えたこと。
　　そうして、「キラキラ」に出会えたこと。
　　「キラキラ」を通して、たくさんの人とつながれたこと。
　　心を閉ざしていた私が、こうして、自分の想いを言葉にしていること。
　　その一つひとつが、奇跡のようです。

　「キラキラ」に出会えた奇跡に、そして、何より、さくなりに、
　「ありがとう」の思いでいっぱいです。

　「キラキラ」は、大切にしたい誰かがいるけれど、その方法がわからない
人に、手にとってもらいたい一冊です。自分を大切にしたいけど、大切にで

きない人にも読んでもらいたい一冊です。
　自分や、周りの誰かを「大切にしたい」という想いは、どんどんどんどん伝わって、思いもよらない出会いと奇跡を呼び起こす……。
　誰にだって、きっと。

　一人でも多くの人が、「キラキラ」に出会えますように。
　そして、心が、軽く、なりますように。

さくなり：画

内藤 麻子

言語聴覚士
年齢：40代
好きな言葉：日野原重明先生「愛とは、誰かの心に希望を灯すことです。自分に何ができるかをまず考える事です」

「様子を見ましょう」「気になりませんよ」

　これは吃音のあるお子さんの親御さんのほとんどが言われた経験がある言葉かと思います。2年前の私なら、言っていたかもしれない言葉。目の前で心配なさっているお母様の背中をさするような優しい言葉だと思って……。
　この言葉がけっして優しさではないこと、吃音のあるお子さんを置き去りにしてしまうことになりうると「キラキラ」を読んで知りました。
　生活のほとんどを病院での臨床や勉強に費やした20代、子育てをしながら仕事との両立に苦悩し続けた30、40代。患者さんやご家族の方々、先輩や同僚に支えて頂きながら細々とですが言語聴覚士としての仕事を続けることができました。天命を知るべき50代が近づいた時、初任地でご一緒した餅田さんに再会しました。とても眩しかった……。吃音でお困りの方がたくさんいらっしゃることを知り、何か私にできることはないかと、吃音の勉強会への参加や臨床見学を始めました。そして、吃音診療の窓口になってくださる小林院長と巡り合い、2016年12月にことばの外来を開設することができました。言語聴覚士として吃音とどう向き合うか……。吃音のあるお子

さん、親御さんにどんなお声をかけたらいいのか……。何ができるか……。「キラキラ」を何度も何度も読み返しながら、新一君やひげ先生の言葉や気持ちをかみくだき、自分の言葉を作り出していった一年でした。その一年のいくつかの出来事をご紹介します。

1）「様子を見ましょう」「自然に接して意識させなければ治りますよ」

　この言葉をずっと一人で抱えてしまった上木さん（仮名）。

　吃音当事者の方達の集まりである言友会の会場に娘さんの吃音の相談をしにいらしたので、1時間程ロビーでお話したのが最初の出会いでした。ことばの外来を開設すると、娘のまみさんと来院なさいました。「あ、あ、あの」と話すまみさんに「大丈夫？」と問いかけるお母様に「キラキラ」をお渡ししました。涙を拭きながら読み終えた後も、まみさんの吃音が出るたびに「どうしたの？」「調子悪いの？ 何かあったの？」と問い詰めてしまう葛藤が続きました。お会いする回数を重ねるごとにまみさんは連発を出してお話するようになっていきました。お母様もその話し方を受け入れるようになりつつも、「私には吃音だと周りに言う勇気がどうしてもありません」という気持ちを強くお持ちでした。そこで何かのきっかけになればと思い、東御市民病院で開催される座談会をご紹介すると、「参加してみようと思います」と即答なさったことを今も鮮明に覚えています。座談会を終えた後の感想に今までのお気持ちを寄せてくださいました。

　今回初めて座談会に参加させて頂きました。当日はどんなことをするのか、ドキドキしながら会場に入りました。すでにたくさんの方々が会場入

りされていて、気持ちを共感してもらえる人がこんなにたくさんいるんだと思ったら胸がいっぱいになり、席についた途端に涙が溢れて止まらなくなってしまいました。（中略）　娘が保育園の時、園の先生に吃音について相談したことが何度かありました。「大丈夫」「様子を見ましょう」「自然に接して意識させなければ治りますよ」というアドバイスを頂き、それを徹底し、けっして吃音のことを意識することのないように私なりに懸命に自然体での対応を心掛けてきました。

でもその後、改善することはなく、娘とも周囲にも吃音についてオープンにするタイミングを逃し、いつの間にかなんとかして隠さなければという気持ちが強くなってしまっていきました。参観日の度に娘は上手く発言できるだろうかと不安と心配でいっぱいになり、周囲に知られないように休ませようかと思ったこともあります。私自身の偏見やプライドのようなものも加わっていたと思います。（後略）

　座談会の後に上木さんは周りの数人のママ友だちに話すことを通して、学校で吃音についてお話してもらおうという気持ちを少しずつ固めていきました。吃音について担任の先生からクラスのお子さんにお話して頂く日の3日前に、またお母様のお気持ちが揺れました。「同じクラスにいる吃音のあるお子さんはお名前を公表なさらないそうです。公表していいですね？」と担任の先生から聞かれ、「気づいていない子もいる。今は波がない。この子のいい所をみんなが知っていて委員長に選ばれたというのならば、今はそっとしておこうかと思う自分がいます」と不安になり、相談にみえました。お母様のお気持ちは痛いほどわかりました。ですが、「同じクラスのお子さんは

まだどこにも吃音の相談をなさっていないんですよね。上木さんは1年吃音を勉強なさっていらしたんです。一人じゃありません。全力でお支えします」とお伝えしました。後日、お母様から次のような連絡がきました。

　先生から予定通りお話をして頂くと、ほとんどのお子さんがまみの話し方を「わかっていた」という反応だったそうです。「もし1組の友だちが近くにいなかったら助けてあげられないからその時はどうしたらいいだろう？」という質問もあがり、みんなで考えたそうです。お話してよかったです。

　このお母様が決して特別な訳ではありません。吃音のあるお子さんの親御さんはみなさん"お子さんが話しやすい環境を作る"ために何ができるかを一生懸命考えていらっしゃいます。

　吃音のある年長さんの女の子をお持ちの山田さん
　山田さんの場合は、何度も担任の先生や園長先生と吃音についてお話する機会を持ちました。年長最後の懇談会に、吃音についてのプリントを配布して、お母様の言葉で説明しました。懇談会終了後、「うちの下の子も」と話しかけてくるお母様がいたり、たくさんの反応があったそうです。その日の夜、お母様からのご報告がありました。

　今日懇談会で話せて本当によかったです。堂々と一生懸命話す娘をもっと好きになりました。

2）きちんと知っておくことは相手のことを大切にしようとする行動と連動します
(続編 P.126)

　2017年秋、吃音のある3年生の田多井君のお母様（本書 P.135 参照）から次のようなご相談を受けました。「学校から『昨年までは担任の先生からの吃音についてのお話をしてもらっていましたが、間違いがあってもいけないのでお母さんがお話をなさってはどうでしょう』と連絡がきました。先生、一緒にお話をしてもらえませんか？」楽天家な私は、もしかしたら何か始まるかも……と思い、「私でよければ一緒に勉強させてください」とお答えしました。学校とお話を進めていく上で、まず校長先生とご家族と言語聴覚士で顔合わせしましょうとなりました。しかし、なかなか三者の都合が合う日が決まりません。

　そんな時、田多井さんが蒔いた種が芽を出しました。2年前、学年全体に配った吃音についてのお便りに勇気づけられた等々力さんが活躍してくださったのです。等々力さんのお子さんは、当院のことばの外来に通っています。臨床にいらした時に田多井さんのお話をすると、「え、いいなぁ。息子の学年でもぜひやって欲しいって担任の和田先生にお願いしてみます」とおっしゃった数日後、「2学年全体に吃音の授業をお願いします」というお電話がきました。

　そこからトントン拍子に話が決まり、その学校の2年生と3年生それぞれに、吃音の授業をさせて頂くことになりました。授業の内容はとてもシンプルなメッセージを繰り返し伝える形にしました。

　この学校での授業を地元紙が取り上げてくださったことから、これまでに4つの小学校で授業をする機会を頂きました。職場の病児保育の保母さん達

のお陰で地方ラジオにこの活動を取り上げて頂きました。理学療法士の糟谷さんはお子さんに吃音はないのですが、お子さんの担任の先生に吃音授業の重要性を伝えてくださり、その学校での授業が実現しました。塩尻市の小学校では、「今度の懇談会で吃音の勉強をしましょうよって担任の先生に話してみます」という感想が寄せられました。当初お引き受けした時思っていたより多くの方に「吃音」ということに耳を傾けて頂くことができました。

　周りの方が吃音を正しく知る大切さを感じてくださることは本当にありがたいと思います。田多井さん親子から始まった「吃音を正しく多くの方に知ってもらいたい」の気持ちが、吃音を知らなかった人の耳に届くようになったのは、多くのみなさんの善意のお陰……と改めて感謝しつつ、もっと広がっていくことを願っています。

　授業の後のお子さんたちからの感想には、吃音を身近なこととして考え、自分ならどうしたいということを書いてくださったものがたくさんありました。「どうして、あ、あ、あってなるんだろう？」「日本には何人あ、あ、あって話す人がいるんですか？」という疑問もたくさん書かれていました。吃音についてお話する機会を重ねるごと、お子さん達の疑問や気持ちを先生方にしっかりキャッチして頂きたいと強く思うようになりました。

　お子さんにとって、先生方は一番近くにいる頼れる専門家であり、頼りにしている大人であり、味方です。一度の吃音の授業ではお子さん達の「なぜ？」という疑問は決してゼロにはなりません。繰り返し、繰り返し喚起して、「吃音は焦っているからでもないし、わざとしているのではないこと」「みんなが最後まで聞いてあげると楽にお話できるようになっていくこと」など目の

前のお子さんの耳に届く言葉を使って、伝えて頂きたいと思います。どんな言葉を使ったらいいかのヒントは『続編キラキラ』の 99 頁からの先生とお母様とのやり取りの中にたくさん隠されていると思います。

　吃音について親御さんから先生にご相談がない場合、悩む先生もいらっしゃると思います。是非その時は『続編キラキラ』196 頁をお読みになってください。吃音という言葉でくくってしまうことを目的にするのではなく、言葉が出にくくて困っているお子さんに「あ、あってなっていいんだよ」とまず伝えてあげて頂きたいです。

　今、先生とでは大丈夫でも、これから先「緊張しないで」「落ち着いて」「もう一度言ってごらん」と良かれと思って働きかけをしてしまう先生と出会った時、そのお子さんはどんなお気持ちになるかを想像してみてください。

　「傷つけてしまうかも」と恐れるお気持ちもわかります。ですが、この本を手に取って読もうと思ってくださった先生ならきっと大丈夫です。親御さんのお気持ちを想像し、受け止めながらこんな声かけをなさってはいかがでしょう。「私も勉強中なんですけれどね。あ、あって話すのは○○さんにとって楽な話し方なんだそうです。一緒に勉強してみませんか」と。

　発信していくことはとても勇気が必要なことです。専門家という肩書があっても、吃音を理解して頂くよう伝えることが難しいのですから、保護者の方はより大きな壁を感じてしまうと思います。不安に思われる保護者のお気持ちを受け止め、考え、そして背中を優しく押して支えて差し上げ、時には前に立ち、時には横で歩調を確かめ合いながら前に進むお手伝いをするのが言語聴覚士の役目かなと思っています。

3）君の"らいおん"になれますように

　2回目来院時にお庭のニラの花で小さな花束を持ってきてくれた年少の雅也君(仮名)。臨床ではあまりお話しないので、どうしても「訊く」になってしまいがちです。なので、毎日つけている「ことばの記録」をもとにお母様からお家や幼稚園のお話をお聞きするようにしています。それを背中で聴きながらブロックで大作づくりをしている雅也君。「違うよ」と軌道修正コメントを入れてきたり、いいお話の時にはお鼻やお口の端をピクピク動かしながら、ブロックの形と高さをどんどんレベルアップしていきます。お母様が受け止めているのが雅也君にちゃんと伝わっているのを確認できる大事な時間でもあるのかなと思い、そのままの雅也君をお母様と二人で受け入れる時間にしています。そんな臨床を重ねるうちに、もしかしたら臨床室でお話することを求めすぎなくてもいいのかなと思えるようになりました。

　ある日の「ことばの記録」にこんなエピソードが綴られていました。

　連発で幼稚園の報告をしていた雅也に「どうしたの？　大丈夫？」と言うと、「あ、あってなっていいんだって内藤さんが言ってたもん」と教えられました。「内藤さんがいいって言ってたもん！」は雅也にとってのお守りの言葉になっていると思います。

　ちゃんとお約束の言葉を聞いてくれていたこと、そして自分の言葉として使うことができるようになった雅也君。お会いしてから半年がたった今、"かわいい"からいつの間にか"かっこいい男の子"に成長しています。

　先日、雅也君は『ラチとらいおん』という絵本を棚から選びました。私の

大好きな絵本なので、「あのね、内藤さんはさー、このらいおんみたいになりたいなって思ってるんだ」というと、まん丸目で「どういうこと？」と振り返ったので、「読んでみて」と送り出しました。

　この絵本に出てくる"らいおん"のように、遠くにいてもそのお子さんのポケットにいるような安心感を持って頂ける存在になれたらいいなぁと思っています。

　今目の前のお子さんに一番の方法は何か……。

　ご両親や先生方と一緒に考え、じゃあ「キラキラ」のひげ先生なら？　と考えながら、そのお子さんが安心して話し・遊び・学べる場所を作るお手伝いをしていきたいと思います。

Ayane 3歳：画

おわりに

　吃音に関連する研究が進み、吃音の相談窓口も増えてきている中で、「吃音のある子どもを持つ保護者の状況は、以前と大して変わっていないのではないか」、というご指摘があります。私自身もその意見に概ね同感です。本書の中でそのように記しておられる方もいます。

　確かに吃音を専門とする言語聴覚士や研究者は増えてきています。日本吃音・流暢性障害学会が 2013 年に発足して以来、会員数が着実に増えていることもその 1 つです。ですが、それはあくまで吃音の専門家であって、生活でかかわりのある乳幼児健診のスタッフや、子育て・発達相談の担当者、園や学校の先生方における吃音の理解はあまり進んでいないというのが現状のようです。特に大都市での理解や啓発に難しさを感じてきました。それに比べ、市町村レベルでは、人と人とのつながりを軸とした地道な取り組みが成果を上げています。そこには専門職種と保護者、当事者が協働しながら理解・啓発を進めていこうとする機運があります。1 人の成果はみんなの成果として認め合い、それぞれが重要な役割を担っているという感覚、そうした協働感が強力な原動力となっているように感じられます。

208 おわりに

　今回、紙面の制限があり、残念ながら本書に記していただくことが叶わなかった多数の方々がおられます。ですが、それぞれのご経験は違えども、大切なエッセンスはきっとどなたかの手記の中に見いだせるのではないでしょうか。吃音の理解と啓発を地道に続けてこられた方々の手記に勇気をいただきながら、目の前のやるべきことに向かってご一緒に進んでいけたらと思います。

　『キラキラ どもる子どものものがたり』の初版から 11 年が経過しました。先日 4 版が刷り上がり、ロングセラーとなっていることの喜びと共に、その意味することに感慨深い思いでいます。
　正編に続き、『続編 キラキラ どもる子どものものがたり －少年新一の成長記』は、「吃音と個性」「保護者の集いの会」「吃音の啓発」といった重要なテーマを内包しながら、吃音の理解を深めていくガイド役をつとめてきました。
　『キラキラ』を読んでくださった方々が、"吃音の理解をもっと進めていきたい"と行動を起こし、その結果、手記にまとめたものから本書は生まれました。

本書をまとめるにあたり、大勢の保護者の方々、子ども達、先生方が、お考えや思いを記してくださいました。長野にお住まいの吃音のある子ども達、保護者の方々と私とをつないでくださり、本書の主旨説明と執筆のご依頼を請け負ってくださった餅田亜希子さん、帯文には日本吃音・流暢性障害学会理事長の長澤泰子先生にもご尽力をいただきました。また、全体の構成など貴重なご助言をいただいた海風社代表取締役の作井文子さん、ならびに編集に携わってくださった方々、傍らでいつも支えてくれている家族に、この場をお借りして心より感謝申し上げます。

2018 年 4 月　満開の桜を見上げながら

堅田 利明

第二刷『「吃音」の正しい理解と啓発のために－キラキラを胸に』に寄せて

　あの頃の息づかい、そして新しいものへ

　たくさんの方との出遭い、協働、成果物、様々な出来事、交わされることば、語り、そして思い…。

　それら１つ１つの体験に感謝し、味わい、学びや気づきがもたらされても、新鮮なままそれらを記憶にとどめておくことはできません。記憶は、その彩り、色相、感触、におい、かなでる音などが、時間とともに移りかわっていくものですから。

　過去をふりかえってみますと、ただ時間だけが過ぎてしまったかのような空虚感や、この先も駆け足で過ぎ去ってしまいそうな時間への焦燥を抱くことが増えたように思います。記憶の表舞台から舞台裏へ移動しているだけのことなのでしょうが。

　本書『「吃音」の正しい理解と啓発のために』のページを見開きますと、執筆してくださった皆さんの当時の息づかいが真空パックされていたかのような鮮度で、生き生きと語りかけてくれます。

　あの時、そうそう、そんなことがあったなぁ。

　そうかぁ、あれから時間が経ったんだ、今こんなふうにしているなんて想像できなかったなぁ。

　そう。かわっていくんですね。移りかわっていくものなんですね。ですが、

かわらないと思えることもある。

　　自分をもし色で例えたら…
　　自分をもし動物に例えたら…
　　今、没頭していること…
　　好きな食べ物…
　　苦手なもの…
　　好きな言葉…
　　５年後の私…

　執筆してくださった皆さんも、そして読者の皆さんも、移りかわったと感じるものと、かわらずそこにあると思えるものとが混在していることでしょう。吃音をとりまく世界も、移りかわっってきたなぁと感じるものと、かわらずそこにあるものとが混在しているように思います。
　各地で親の会が設立、入試や就職、就労時の合理的配慮、園や学校への吃音の理解・啓発の取り組み …。

　かわっていくこれからをワクワクしながら、出遭ってきた方々、これから出遭う方々といっしょに、新しく生まれてくる何かを楽しみにしていきたいと思います。

　2019 年８月　やわらいできた日差しと、風を感じながら

　　　　　　　　　　　　　　　　　　　　　　　　　堅田 利明

執筆者プロフィール（掲載順）

1. 名前
2. 年齢
3. 所属・仕事
4. 自分をもし色でたとえたら
5. 自分をもし動物にたとえたら
6. 今、没頭していること
7. 好きな食べ物
8. 苦手なもの
9. 好きな言葉
10. 5年後の私

---

1. 堅田 利明（かただ としあき）
2. 50代
3. 関西外国語大学教員
4. ブルー and イエロー
5. クマ
6. 歌唱とギター
7. パスタ
8. らっきょ
9. 今ここを生きよ
10. 深いワークをコーディネートしながらファシリテーターを務め、魂が揺さぶられるような著作を産み出している

---

1. 餅田 亜希子（もちだ あきこ）
2. 50代
3. 東御市民病院　言語聴覚士
4. 緑色
5. パンダ
6. 読書、ギター、ドライブ
7. タイ料理、カレー、辛い物
8. 人ごみ
9. Live as if you were to die tomorrow. Learn as if you were to live forever.
10. ギター弾き語り

---

1. 五味 奈美（ごみ なみ）
2. 40代
3. 歯科医師
4. 白
5. うさぎ
6. 家族の栄養管理、早寝早起き、子供との時間
7. ゴーヤ、ピーマン
8. 裁縫、雷
9. 嬉しい、楽しい、幸せ、大好き、ありがとう
10. 美肌美人

1. 平林 実香（ひらばやし みか）
2. 30代
3. 看護師 、「きつつきの会」副代表
4. 赤
5. 犬
6. 星野源さん、Nintendo　Switch（スプラトゥーン）
7. 餃子、チャーハン
8. ジェットコースターなど絶叫系
9. 実るほど頭を垂れる稲穂かな
10. 友達家族とハワイへ行く！

1. 堀内 美加（ほりうち みか）
2. 30代
3. 専業主婦、「きつつきの会」代表
4. オレンジ色
5. カメレオン
6. 糖質オフ食品を見つけること
7. アイスクリーム
8. 凍結している道路を運転すること
9. 笑う門には福来る
10. 目指せ！マイナス5キロダイエットに成功している

1. 堀内 慎也（ほりうち しんや）
2. 30代
3. 塗装会社経営
4. 白
5. クマ
6. ゴルフ、松本山雅 F.C
7. チーズ、牛肉
8. ギャル
9. 雲外に蒼天あり
10. ゴルフでスコア80を切ること

1. 堀内 彩友（ほりうち さゆ）
2. 7歳
3. 小学1年生
4. ピンク
5. ひよこ
6. ピアノ
7. ミートドリア
8. きのこ
9. 夢をかなえる
10. 算数が得意になりたい

214 執筆者一覧

1．前川 令（まえかわ れい）
2．30代
3．上小圏域障害者総合支援センター事務局勤務
4．灰色
5．きつつき
6．ピアノ、子育て
7．カニ、果物
8．昆虫の裏側、予定の変更
9．死ぬこと以外はかすり傷
10．素人ピアニスト

1．西沢 千春（にしざわ ちはる）
2．50代
3．製造業の開発担当
4．くたびれたオレンジ色
5．ぽわーとした犬
6．ボウリング
7．餃子、豆腐料理、たこ焼き
8．ヘビ、カメムシ、生玉ねぎとパクチー
9．為せば成る
10．家庭菜園で野菜作りに目覚める

1．植田 和枝（うえだ かずえ）
2．40代
3．家業手伝い
4．水色
5．さる
6．カラダにいいものを見つけること
7．美味しい食パン
8．ホラー映画
9．努力に勝る天才なし
10．夫婦で旅行！

1．稲田 都希代（いなだ ときよ）
2．50代
3．産婦人科病院 厨房勤務
　「吃音親子の会」副代表
4．薄い黄色
5．子どもの虎
6．テニス、仕事
7．韓国料理
8．爬虫類
9．人間万事塞翁が馬
10．主人とゆっくり世界一周の船上の旅

1. K. M.
2. 50 代
3. 会社の事務員
4. 紺色
5. ネズミ
6. 撮りためた DVD 鑑賞
7. アップルパイ
8. 虫
9. 置かれた場所で咲きなさい
10. 自分の時間をもって楽しみたい

1. 松下 真生（まつした まお）
2. 30 代
3. セラピスト
4. 白
5. インコ
6. スケート
7. 五郎兵衛米
8. カエル
9. 強く、美しく、生きる勇気
10. スコットランドに旅行

1. 齋藤 慶子（さいとう けいこ）
2. 30 代
3. 老人施設で介護福祉士
4. ベージュ
5. カピバラ
6. 日々の生活でいっぱいいっぱい (笑)
7. チョコレート、白米
8. クモ
9. ありがとう
10. ？？？

1. 齋藤 大智（さいとう だいち）
2. 8 歳
3. 小学 2 年生
4. 赤色
5. 猿
6. 仮面ライダー
7. ラーメン、ステーキ
8. ピーマン、茄子
9. 勝利の法則
10. ？？？

216 執筆者一覧

1. おばた ゆりこ
2. あと、数年で還暦
3. 主婦
4. 黄色
5. カピバラ
6. 小田さんのコンサートに行くこととピアノを弾くこと
7. 甘栗
8. 好き嫌いはほとんどないけれど、ヨーグルトは苦手
9. 地に足をつけて生きること
10. リトミックをベースにした活動

---

1. Y. M.
2. 40代
3. 調剤薬局勤務　薬剤師
4. 青色
5. 鶏
6. 飼い犬を可愛がる。美味しいものを食べる
7. たこ焼き、果物
8. 裁縫
9. 勝つことよりも負けないことが大事
10. 子育てが終わり旅行三昧

---

1. 吉田 雅代（よしだ まさよ）
2. 50代
3. カスタマーセンター勤務
4. パステルオレンジ、サーモンピンク
5. 犬
6. マラソン、ゴスペル、お菓子作り、クロスバイク
7. お寿司、ステーキ、メロン、チョコレート、ケーキ
8. なめくじ、なまこ（表面がヌメヌメしているもの）、虫、らっきょう、白子
9. 「ありがとう」「一歩一歩」
10. まだ未経験のフルマラソンを複数回完走。勉強して、パティシエ並みのお菓子を作れるようになっていたい。小さなことでも目標を持ち、頑張っていたい。いつも笑って過ごしていたい

1. 久保 牧子（くぼ まきこ）
2. 40代
3. 医師
　「吃音のある子どもと歩む会」代表
4. 赤を秘めたピンク
5. ハムスター
6. ピアノ、マジック
7. とうもろこし、チョコレート
8. パクチー、ごきぶり
9. 日日是好日、そもそも我々が人生の意味を問うてはいけません。我々は人生に問われている立場であり、我々が人生の答えを出さなければならないのです（ヴィクトール・フランクル）
10. ひげ先生のように温かく吃音診療に携わっていたいです

---

1. 田多井 智恵（たたい ちえ）
2. 40代
3. 公務員
4. 紫
5. うさぎ
6. 裁縫
7. ショートケーキ
8. わさび
9. 楽あれば苦あり、苦あれば楽あり
10. 現状維持

---

1. 栁澤 みえ子（やなぎさわ みえこ）
2. 40代
3. 金融機関 、「きつつきの会」副代表
4. オレンジ色
5. にわとり
6. 読書
7. 丸なすのおやき
8. ゲジゲジ
9. 「がんばらない」
10. 体重10kg減、おしゃれなオバサンになっていたらいいな

---

1. 関 貴代美 （せき きよみ）
2. 40代
3. 東御市民病院　作業療法士
4. 赤
5. ぞう
6. 愛犬のあいちゃんと遊ぶこと
7. 旬のもの
8. 人付き合い
9. 前途洋々
10. 苔のマイスターになっている

218 執筆者一覧

1. 三村 小百合（みむら さゆり）
2. 30代
3. 松本市立梓川小学校教諭
4. オレンジ
5. ウサギ
6. 没頭する時間がなかなかないです…
7. 焼き鳥
8. 両生類、は虫類の一部
9. あきらめたらそこで試合終了ですよ。
　一期一会
10. 相変わらず毎日慌ただしくしているがそんな毎日に幸せを感じているかな、と思います

1. D. H.
2. 30代
3. 私立保育園 保育士
4. マスカット色？
5. ひつじ
6. ダイソン掃除機2台持ちの活用方法
7. 焼肉、きゅうりの漬物
8. なす、窓のない空間
9. 止まない雨はない
10. 今より5kg減量…

1. 金子 多恵子（かねこ たえこ）
2. 30代
3. 長野医療衛生専門学校 言語聴覚士学科勤務
4. 青
5. 山岳地帯のやぎ（たまに落ちる、でもまた上がってくる）
6. ST、ドラマ
7. ネギとろ、ステーキ
8. 半熟卵、ホラー映画、プレッシャー
9. 死ぬこと以外はかすり傷
10. 話し上手・伝え上手、ゴルフで100切る、ホノルルマラソン完走

1. 西尾 幸代（にしお さちよ）
2. 50代
3. 福井県特別支援教育センター勤務
4. 萌木色
5. うさぎ
6. くらしに関する本
7. お刺身　チョコレート
8. キャンプの時に出会う虫
9. 実るほど頭を垂れる稲穂かな
10. あちこち旅しています

1. 藤本 依子（ふじもと よりこ）
2. 40代
3. 大阪市立大学医学部附属病院勤務
4. 紫
5. とら（昔流行った動物占いでとらだったので）
6. ドラマ：アメリカドラマ
7. 春巻き、パスタ
8. 虫、バイキング（アトラクション）
9. 中庸
10. ヨガ再開、3キロ減量〜

1. 野々山 直美 （ののやま なおみ）
2. 30代
3. 広告印刷業・言語聴覚士
4. 黄緑色
5. 柴犬
6. バスケ、ランニング
7. おろしそば
8. 人の多いところ、よく怒る人
9. なんとかなるよ
10. 障害のある人も楽しく働ける会社を作って働いている

1. 内藤 麻子（ないとう あさこ）
2. 40代
3. 梓川診療所 言語聴覚士
4. マゼンタ（どんな色にも変わります！）
5. 茶色のトイプードル（大きめ。名はハチ）
6. うら道探し
7. ミルクティー
8. たまねぎ
9. 日野原重明先生「愛とは、誰かの心に希望を灯すことです。自分に何ができるかをまず考える事です」
10. "ひげ先生"に近づいていますように……

※プロフィールについては全て初版発行時のものです。

【編著者略歴】

堅田 利明（かただ　としあき）

1964年、大阪生まれ

1987年、大阪教育大学特殊教育特別専攻科言語・聴覚障害児教育課程修了

京都教育大学非常勤講師を経て、関西外国語大学准教授（元 大阪市立総合医療
センター小児言語科）言語聴覚士

著書『キラキラ どもる子どものものがたり』海風社 2007

　　　『特別支援を難しく考えないために─ 支援教育が子ども達の心に浸透する
　　　ように─ 』海風社 2011

　　　『続編 キラキラ どもる子どものものがたり 少年新一の成長記』海風社 2013

共著『子どもがどもっていると感じたら─ 吃音の正しい理解と家族支援のために─』
　　　廣島 忍・堀 彰人 編著 大月書店 2004

　　　『特別支援教育における吃音・流暢性障害のある子どもの理解と支援』
　　　小林宏明・川合紀宗 編著 学苑社 2013

　　　『小児吃音臨床のエッセンス：初回面接のテクニック』
　　　菊地良和編著 学苑社 2015

　　　『図解 やさしくわかる言語聴覚障害』小嶋知幸編著 ナツメ社 2015

「吃音」の正しい理解と啓発のために
─キラキラを胸に─

2018 年 6 月 20 日　　初版発行
2019 年 9 月 20 日　　第 2 版発行

編 著 者　堅田 利明

発 行 者　作井 文子

発 行 所　株式会社 海風社
　　　　　〒550-0011　大阪市西区阿波座 1-9-9 阿波座パークビル 701

Ｔ Ｅ Ｌ　06-6541-1807

印刷・製本　モリモト印刷株式会社

2019© Katada Toshiaki　　ISBN978‐4‐87616‐053‐2　C0037

装幀　ツ・デイ